마을목회 성경공부 교재
마을과 함께 주민과 더불어

마을과 함께하는 교회(2권)

〈마을목회 성경공부 교재〉 마을과 함께 주민과 더불어

마을과 함께하는 교회(2권)

2018년 9월 3일 초판 1쇄 인쇄
2018년 9월 8일 초판 1쇄 발행

엮은이 총회한국교회연구원
펴낸이 김영호
펴낸곳 도서출판 동연
등 록 제1-1383호(1992. 6. 12)
주 소 (03962) 서울시 마포구 월드컵로 163-3
전 화 (02)335-2630
전 송 (02)335-2640

Copyright ⓒ 총회한국교회연구원, 2018

이 책은 저작권법에 따라 보호받는 저작물이므로 무단 전재와 복제를 금합니다.
잘못된 책은 바꾸어드립니다.
책값은 뒤표지에 있습니다.

ISBN 978-89-6447-470-9 03200(세트)
ISBN 978-89-6447-472-3 03200

마을과 함께 주민과 더불어

총회한국교회연구원
〈2018 마을목회 성경공부 교재〉

마을과 함께하는 교회

총회한국교회연구원 편
책임 편집 한국일

동연

발간사

"거룩한 교회, 다시 세상 속으로"라는 총회 주제처럼 이미 세상 속으로 들어가 "빛과 소금"의 삶을 살고 계신 모든 사역자들과 주님께서 펼치신 섬김과 사랑으로 현장에서 목회하고 계신 목회자들이 함께 힘을 모아『마을목회 성경공부 교재: 마을과 함께 주민과 더불어』를 발간할 수 있게 하신 하나님께 기쁨과 영광을 올려드립니다.

이번에 발간하게 된 『마을목회 성경공부 교재: 마을과 함께 주민과 더불어』는 현장 목회자뿐 아니라 성도 양육을 담당하고 있는 모든 분에게 도움이 되고자 하는 마음으로 시작된 연구프로젝트였습니다. '마을목회'는 목회자와 리더를 비롯한 구성원들이 함께 엮어가는 한 편의 드라마와 같습니다. 예수께서 마을을 두루 다니시며 병든 자, 억눌린 자, 가난한 자들을 만나 고치시고, 해방시키시고, 채워주셨듯이 이웃과 함께하는 것이 '마을목회'입니다.

'마을목회'는 공동체와 이웃의 어려운 이들을 돕는 것을 넘어, 지역사회를 복음화 하는 큰 장점을 가지고 있습니다. 한국교회의 성장은 정체단계를 지나 침체의 위기 앞에 놓여있습니다. 교회를 향한 불신과 거센 반감은 주변에서 쉽게 접할 수 있습니다. 이런 목회환경에서 교회와 사회, 성도와 목회자 모두 주 안에서 충만할 수 있는 목회가 마을목회입니다.

불과 50년 전만해도 우리는 이웃의 숟가락까지 셀 수 있을 정도의 생활구조였습니다. 1960년대는 먹을 것이 부족한 시대였지만, 옆집에 끼니를 걱정하며 내 것을 나누는 '정'도 넘쳐나던 시절이었습니다. 안타깝게도 지금은 모든 것이 파편화되어 조각난 현실입니다. 강력한 접착제가 필요한 시대입니다. 찢기고 깨져버린 이 현실을 회복시킬 수 있는 강한 힘은 오직 주님의 사랑뿐입니다. 예수님께서 십자가에서 보여주신 헌신과 섬김의 '사랑', 그 사랑이 교회를 채워 완전히 회복시킵니다. 주님의 사랑이 교회에 차고 넘쳐 이웃으로 마을로, 지역과 나라, 온 세계로 흘러가게 해야 합니다. 하나님의 나라는 이렇게 이 땅에서부터 실현됩니다.

집필에 함께해주신 목사님들과 교수님들의 노고에 진심으로 감사드립니다. 또한 이일이 잘 진행되도록 애써주신 원장 노영상 목사님과 실장 김신현 목사님, 간사 이정희 전도사님의 수고에도 감사의 마음을 전합니다. 항상 본 연구원을 위해 기도와 관심으로 살펴주시는 이사님들과도 발간의 기쁨을 함께 나눕니다. 이 성경공부교재를 가지고 진행하시는 모든 양육과 성경공부가 성공적으로 진행될 수 있기를 희망합니다. 하나님의 은혜와 평강이 모두에게 함께하시기를 기도합니다.

이사장 채영남 목사
(총회한국교회연구원)

추천사

하나님께서 창조한 이 세상을 바라보면, 세상을 사랑하사 독생자 예수님을 우리에게 보내신 주님의 크신 사랑으로 가슴이 뜨거워집니다. 하나님의 사랑 그 자체인 예수님은 제자들과 동고동락하시며 마을을 두루 다니시며 병든 자에겐 치유를, 눌린 자에게 자유를 선포하셨습니다. 이런 예수님의 실천적인 삶을 따라 우리도 마을을 두루 다니며 치유와 자유를 선포해야 할 것입니다. 120년 전, 복음을 들고 황무지와 같던 이 땅을 밟은 선교사들의 숭고한 정신으로부터, 가난과 기근의 시대, 자유민주주의를 수호하던 시대까지 교회는 세상에 요구에 답하며, 길을 제시하고 시대의 나아갈 바를 가리키며 실천하였습니다. 이 땅은 풍요롭고 번영된 삶은 하나님의 축복으로 되었음을 인정하지 않을 수 없습니다. 그러나 지금의 시대, 풍요하나 빈곤한, 자유하나 늘 외로운 시대, 단절되고 파편화된 이 시대의 요청에 교회는 어떤 대답을 하고 있습니까? 어떤 길을 제시하고 있습니까?

수십 년을 거치면서 한국교회의 현실은 냉담과 무관심 속에 어려워졌습니다. 강퍅한 삶의 무게 속에서 하나님에 대한 사랑도 점차 시들해가고 있습니다. 종교다원주의를 비롯한 반기독교적인 세력 등의 공격은 나날이 더 과격해지고 있습니다. 하나님이 창조하시고 우리를 통해 세상을 다스리시는 하나님의 선교가 이 땅에 온전히 실현되기 위해선 무엇을 어떻게 해야 할까요?

우리의 모습이 교회라는 성 안에서만 생활하는 것은 아닌가 생각해봅니다. 이젠 문을 열고 나와 할 때입니다. 주님께서 마을을 두루 다니시며 하나님의 사랑을 실현하셨듯이 우리도 그렇게 해야 합니다. 세상을 섬기는 교회로 거듭나야 합니다. 이것이 시대의 요청이며, 하나님의 요청입니다.

마을목회가 절실히 필요한 시대입니다. 네 이웃을 네 몸과 같이 사랑하라는 말씀을 구체적이고 현실적으로 실천할 수 있는 마을목회가 실현돼야 합니다. 농촌 지역뿐 아니라 도시지역을 비롯한 나라와 전 세계에서 필요합니다.

이런 때에 마을목회에 대한 고민을 성경을 통해 배우며 실천할 수 있는 교재가 발간되어 매우 기쁩니다. 구약과 신약에 드러난 마을목회에 대한 말씀연구가 좋습니다. 특히 나눔과 묵상을 통한 실천을 할 수 있도록 한 것이 좋습니다. 무엇보다 현재 마을목회를 현장에서 실천하고 계신 권위자들께서 동참해주셔서 실제적인 교재로 완성되어 좋습니다. 부디 이 교재를 통해 교회가 생명력 있는 마을교회로 거듭나 역동적인 마을목회를 할 수 있는 기회가 될 수 있기를 기대해봅니다.

제102회기 총회장 최기학 목사

(대한예수교장로회 총회)

| 차 례 |

발간사 / 04
추천사 / 06
마을목회의 핵심 전략 / 11

1권 | 하나님 나라를 구현하는 마을목회   김도일

1장_ 하나님의 선교와 마을목회
2장_ 마을목회의 세계관
3장_ 마을목회와 하나님 나라 공동체
4장_ 마을목회와 지역교회의 연대
5장_ 마을목회와 선교적 교회론
6장_ 하나님 나라 사역으로서의 마을목회

2권 | 마을과 함께하는 교회   한국일

1장_ 예배의 장소에서 마을로 들어간 사마리아 여인	김명실	19
2장_ 공동체 기도의 전형인 주기도문	정광일	29
3장_ 교회교육과 지역사회 교육	조인서	45
4장_ 마을에서 세계로	이선이	55
5장_ 사회적 약자에 대한 섬김과 나눔의 책임적 신앙	이승열	65
6장_ 진정한 하나님의 사랑	오창우	79

3권 ı 주민과 더불어 마을목회 실천하기　　　　　　　　　　신정

　　　1장_ 생수의 강이 흐르게 하라 (광양대광교회)
　　　2장_ 마을 속으로 (도심리교회)
　　　3장_ 마을에서 만난 예수 (부천새롬교회)
　　　4장_ 마을을 치유하는 교회 (태백연동교회)
　　　5장_ 마을목회와 코이노니아 (성암교회)
　　　6장_ 국경 없는 마을 (나섬공동체)

4권 ı 세상을 살리는 마을목회　　　　　　　　　　　　　노영상

　　　1장_ 건강한 생태계를 만드는 마을목회
　　　2장_ 함께 만들어 가는 희망의 복지공동체
　　　3장_ 마을목회와 경제공동체
　　　4장_ 아름다운 환경공동체 만들기
　　　5장_ 건강한 마을교육공동체 만들기
　　　6장_ 마을목회와 문화 공동체

마을목회의 핵심 전략

그리스도의 진정한 사랑으로 마을을 품고 세상을 살리는 목회

    2017년 대한예수교장로회 102회 총회(통합)는 최기학 총회장을 중심으로 마을목회를 정책과제로 삼고 운동을 시작해왔다. 마을목회는 한국교회 정체기에 있어 각 교회들이 실천한 생존전략들을 이론화한 실천적 목회 전략인 것이다. 마을목회는 제102회 총회의 주제인 '거룩한 교회 세상 속으로'를 구현하기 위한 목회 방안으로 핵심 전략은 다음과 같다.

    1. '마을'이란 주로 시골지역에서 여러 집이 모여 사는 곳을 말한다. 그러나 '마을목회'는 농어촌 지역의 목회 전략을 말하는 것이 아니다. 마을이 하나의 **공동체**를 이뤄 그곳의 주민들이 서로 도우며 살 듯, 도시에서도 이런 공동체를 이루며 사는 것이 필요한바, 지역공동체로서의 **하나님 나라**를 동네 속에 세우기 위한 목회가 마을목회다.

    2. 교회에는 여러 사명이 있다. 복음전도, 예배, 교육, 교제, 사회봉사 등이다. 마을목회는 이런 기능들 중 교회의 **사회봉사 영역에 치중한 목회 방안**이다. 그간 한국교회는 복음전도, 제자훈련, 예배 및 교육 등의 일들을 잘 수행해왔다. 그 같은 노력과 함께 마을목회로서의 대사회적인 교회의 기능이 잘 수행된다면, 보다 활력 있는 하

나님의 선교가 가능해질 것이다.

3. 마을목회는 주님의 십자가의 능력과 성령의 감화를 강조하는 목회 방안이다(갈 5:16-26). 주님의 칭의의 능력이 아니고는 아무도 이웃을 진정으로 사랑할 수 없는 것으로, 우리는 항상 주님께 의존하며 기도하면서 마을과 온 세상의 샬롬을 이뤄나가야 할 것이다(막 9:29, 사 11:1-9). 이와 같이 마을목회는 오늘의 시대에 기독교 사랑의 진정성을 보여주려는 목회 방안으로(요일 3:16-18), 우리는 **믿음에 따른 사랑의 실천이** 주님의 복음을 왕성하게 할 수 있음을 믿는다(마 5:16).

4. 마을목회는 이론에 앞서 실천을 중시하는 목회다. 마을목회는 본 교단의 교회들이 전개한 현실 목회에서의 노력들을 살펴 만들어낸 이론으로 **실천성**을 강조하는 운동이다. 그러므로 마을목회는 신학을 위한 신학이 아니라 교회를 위한 신학을 강조한다. 이전 해외에서 한국을 대표하던 신학으로 민중신학이 있었다. 사회현실과는 밀착된 신학이었지만 목회현실과는 거리가 있는 신학이었다. 이에 비해 마을목회는 목회현장에 충실한 사회봉사 신학으로, 사랑의 실천을 구체화하는 목회 방안인 것이다.

5. 마을목회는 **개인적 행복과 함께 공동체적 행복에** 관심을 갖는다. 이런 견지에서 마을목회는 지역사회를 공동체적 가치를 통해 만들어나가는 것을 강조한다(요 17:21-23). 마을목회는 오늘 우리 사회의 위기가 지나친 개인주의적 삶의 방식에 기인한 것으로 분석하여, 경제, 교육, 복지, 환경, 문화 등 사회 각 분야에 기독교가 강조

하는 사랑의 하나 됨과 공동체성을 불어넣을 것을 주창하는 목회 전략인 것이다.

6. 마을목회는 교회 밖의 주민들도 회개하고 믿기만 하면 주님의 자녀가 될 수 있는 **잠재적 교인**으로 생각하며, 그들을 목회의 대상 안에 포함시키는 운동이다(롬 3:29-30). 이런 의미에서 마을목회는 "마을을 교회로, 주민을 교인으로"라는 표어를 주창한다(요 3:16). 주님은 우리 안의 99마리의 양을 두고, 길 잃은 한 마리의 양을 찾아 나서시는 분이시다(마 18:12-14).

7. 마을목회는 **평신도 사역**을 강화하는 목회 전략이다(고전 12:4-31). 평신도의 역량을 강화하여 그들을 주민자치와 교회사역의 전면에 내세우는 목회가 마을목회다. 우리는 마을목회를 통해 대사회적인 봉사의 일은 평신도들이 우선적으로 담당케 하며, 목회자는 기도하고 설교하는 일에 전념하는 분담이 필요하다.

8. 마을목회는 지방자치 분권화를 통해 **마을 만들기 운동**을 전개함으로 우리 사회의 풀뿌리 민주주의를 정착시키려는 노력을 지지한다. 이에 마을목회는 관 주도적인 하향식 운동이 아니며, **주민주도적인 상향식 운동**이다. 이에 마을목회는 복음을 통해 마을 공동체를 행복하게 만드는 일에 교인과 주민이 앞장서는 주체적 시민의식을 강조하며, 마을의 일을 위해 함께 의논하는 민주적 소통을 중시한다.

9. 마을목회가 가능하려면 주민들의 주체적 역량이 전제되어야 한다(벧전 2:9). 마을 만들기를 위해서는 주민들의 자주성과 소통능력, 마을을 개발하는 일을 위한 핵심 역량과 주민의 민주적 시민정신

이 함양되어야 하는 것으로, 이를 위해 지역사회와 교회는 주민들의 **역량을 강화하는 교육**에 관심을 두어야 한다. 이에 제자직을 위한 성경교육과 시민직을 위한 시민교육이 중요할 것이다(마 28:19-20, 딤후 3:16).

10. 마을목회는 **삼위일체 하나님 안에 나타난 생명성**을 온 세상에 퍼뜨리는 운동이다(요 17:21). 삼위일체 하나님께서 세 분이시면서 하나이신 것과 같이, 우리는 개인주의와 집합주의를 넘어서는 기독교 복음의 강조점을 나타내보여야 한다. 이에 마을목회의 사역을 위해서는 상호 간 하나 됨과 네트워크가 중시된다(고전 12:12). 마을 속의 주민들의 연대, 교회들의 연대, 교인과 마을 주민 사이의 네트워킹, 교회와 관청, 마을의 학교와 기업 등과의 폭넓은 사귐과 관계적 통전성이 이런 마을목회를 활력 있게 할 것이다.

11. 교회가 성장하려면 교회 밖의 사람들을 전도하고 선교해야 하는데, 이를 위해서는 그들과의 접촉이 확대되어야 한다. 마을목회는 교회의 문턱을 낮추는 목회 전략으로, 교회의 봉사를 통해 **교회 밖의 사람들과 관계망을 확장**하여 그들이 교회 안으로 들어와 주님의 자녀가 되는 것을 쉽게 하는 목회 전략이다.

12. 마을목회는 전략을 세워 사회봉사의 사역을 추진하는 **과학적 목회 방안**으로 지역사회 개발 이론, 역량강화 이론 및 전략기획 이론 등의 방법론을 사용한다. 마을목회는 실천과 함께 일의 기획 과정과 사후 평가를 중시하는 목회 방식이다(엡 1:11).

⟨영문 번역⟩

The Core Strategies of Village Ministry

The Ministry to Brood the Village and Save the World, with the True Love of God

1. VM(Village Ministry) is the ministerial strategies of **urban cities** as well as farming and fishing villages.
2. VM is the ministerial device, concentrating **diakonia** of ecclesiastical functions.
3. VM is the movement showing the Christian true love toward the world, in Christ and the Holy Spirit(1Jn 3:16-18). We believe our **demonstrating God's love** will make church's evangelism vigorous(Mat 5:16).
4. VM is a device regarding **practice** as important. We have made this theory of VM, reflecting the practical endeavors of local church for their survival.
5. VM emphasizes both individual happiness and **communal happiness**(Jon 17:21-23).
6. VM regards the people out of church as the pre-Christians(Rom 3:29-30). They can be the Christians only through repentance and believing(Mat 18:12-14). So VM declares as the following motto;

"Whole Village as Extended Church, Whole Residents as Potential Church Members"(Jon 3:16).
7. VM emphasizes the lay-ministry for local service(1Co 12:4-31).
8. VM is connected with the village building movement(community development) of secular society as the down-up movement, leaded by not government officials but residents.
9. VM premises the independent and democratic empowerment of residents. So biblical education and civil education are necessary for VM(Mat 28:19-20, 2Ti 3:16).
10. VM is the movement based on the life characteristics of 'unity in diversity' in the doctrine of trinity(Jon 17:21). Therefore VM looks the network with various organizations as necessary(1Co 12:12). It is the important element to strengthen the solidarity among local churches for VM.
11. The expansion of relationship due to diakonia with the people out of church will strengthen the church's evangelism and foreign mission.
12. VM is the scientific ministerial methodology, adopting the means of the community development theory, the empowerment theory and the strategic planning(Eph 1:11).

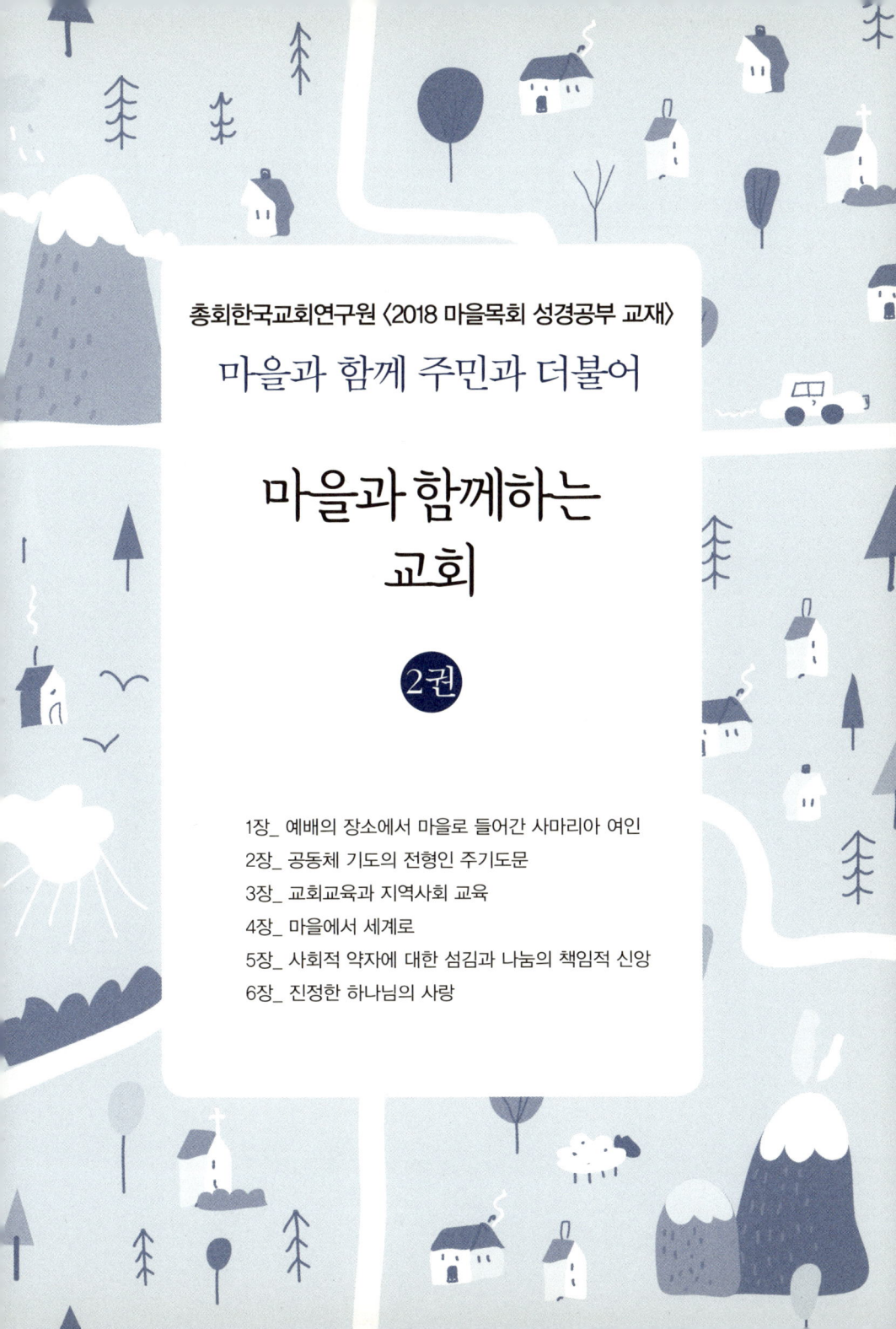

총회한국교회연구원 〈2018 마을목회 성경공부 교재〉

마을과 함께 주민과 더불어

마을과 함께하는 교회

2권

1장_ 예배의 장소에서 마을로 들어간 사마리아 여인
2장_ 공동체 기도의 전형인 주기도문
3장_ 교회교육과 지역사회 교육
4장_ 마을에서 세계로
5장_ 사회적 약자에 대한 섬김과 나눔의 책임적 신앙
6장_ 진정한 하나님의 사랑

1 장
예배의 장소에서 마을로 들어간 사마리아 여인

요한복음 4장 1-42절

1예수께서 제자를 삼고 세례를 베푸시는 것이 요한보다 많다 하는 말을 바리새인들이 들은 줄을 주께서 아신지라 2(예수께서 친히 세례를 베푸신 것이 아니요 제자들이 베푼 것이라) 3유대를 떠나 사 다시 갈릴리로 가실 새 4사마리아를 통과하여야 하겠는지라 5사마리아에 있는 수가라 하는 동네에 이르시니 야곱이 그 아들 요셉에게 준 땅이 가깝고 6거기 또 야곱의 우물이 있더라 예수께서 길 가시다가 피곤하여 우물 곁에 그대로 앉으시니 때가 여섯 시쯤 되었더라 7사마리아 여자 한 사람이 물을 길으러 왔으매 예수께서 물을 좀 달라 하시니 8이는 제자들이 먹을 것을 사러 그 동네에 들어갔음이러라 9사마리아 여자가 이르되 당신은 유대인으로서 어찌하여 사마리아 여자인 나에게 물을 달라 하나이까 하니 이는 유대인이 사마리아인과 상종하지 아니함이러라 10예수께서 대답하여 이르시되 네가 만일 하나님의 선물과 또 네게 물 좀 달라 하는 이가 누구인 줄 알았더라면 네가 그에게 구하였을 것이요 그가 생수를 네게 주었으리라 11여자가 이르되 주여 물길을 그릇도 없고 이 우물은 깊은데 어디서 당신이 그 생수를 얻겠사옵나이까 12우리 조상 야곱이 이 우물을 우리에게 주셨고 또 여기서 자기와 자기 아들들과 짐승이 다 마셨는데 당신이 야곱보다 더 크니이까 13예수께서 대답하여 이르시되 이 물을 마시는 자마다 다시 목마르려니와 14내가 주는 물을 마시는 자는 영원히 목마르지 아니하리니 내가 주는 물은 그 속에서 영생하도록 솟아나는 샘물이 되리라 15여자가 이르되 주여 그런 물을 내게 주사 목마르지도 않고 또 여기 물 길으러 오지도 않게 하옵소서 16이르시되 가서 네 남편을 불러 오라 17여자가 대답하여 이르되 나는 남편이 없나이다 예수께서 이르시되 네가 남편이 없다 하는 말이 옳도다 18너에게 남편 다섯이 있었고 지금 있는 자도 네 남편이 아니니 네 말이 참되도다 19여자가 이르되 주여 내가 보니 선지자로소이다 20우리 조상들은 이 산에서 예배하였는데 당신들의 말은 예배할 곳이 예루살렘에 있다 하더이다 21예수께서 이르시되 여자여 내 말을 믿으라 이 산에서도 말고 예루살렘에서도 말고 너희가 아버지께 예배할 때가 이르리라 22너희는 알지 못하는 것을 예배하고 우리는 아는 것을 예배하노니 이는 구원이 유대인에게서 남이라 23아버지께

참되게 예배하는 자들은 영과 진리로 예배할 때가 오나니 곧 이 때라 아버지께서는 자기에게 이렇게 예배하는 자들을 찾으시느니라 24하나님은 영이시니 예배하는 자가 영과 진리로 예배할지니라 25여자가 이르되 메시야 곧 그리스도라 하는 이가 오실 줄을 내가 아노니 그가 오시면 모든 것을 우리에게 알려 주시리이다 26예수께서 이르시되 네게 말하는 내가 그라 하시니라 27이때에 제자들이 돌아와서 예수께서 여자와 말씀하시는 것을 이상히 여겼으나 무엇을 구하시나이까 어찌하여 그와 말씀하시나이까 묻는 자가 없더라 28여자가 물동이를 버려두고 동네로 들어가서 사람들에게 이르되 29내가 행한 모든 일을 내게 말한 사람을 와서 보라 이는 그리스도가 아니냐 하니 30그들이 동네에서 나와 예수께로 오더라 31그 사이에 제자들이 청하여 이르되 랍비여 잡수소서 32이르시되 내게는 너희가 알지 못하는 먹을 양식이 있느니라 33제자들이 서로 말하되 누가 잡수실 것을 갖다 드렸는가 하니 34예수께서 이르시되 나의 양식은 나를 보내신 이의 뜻을 행하며 그의 일을 온전히 이루는 이것이니라 35너희는 넉 달이 지나야 추수할 때가 이르겠다 하지 아니하느냐 그러나 나는 너희에게 이르노니 너희 눈을 들어 밭을 보라 희어져 추수하게 되었도다 36거두는 자가 이미 삯도 받고 영생에 이르는 열매를 모으나니 이는 뿌리는 자와 거두는 자가 함께

> 즐거워하게 하려 함이라 37그런즉 한 사람이 심고 다른 사람이 거둔다 하는 말이 옳도다 38내가 너희로 노력하지 아니한 것을 거두러 보내었노니 다른 사람들은 노력하였고 너희는 그들이 노력한 것에 참여 하였느니라 39여자의 말이 내가 행한 모든 것을 그가 내게 말하였다 증언하므로 그 동네 중에 많은 사마리아인이 예수를 믿는지라 40사마리아인들이 예수께 와서 자기들과 함께 유하시기를 청하니 거기서 이틀을 유하시매 41예수의 말씀으로 말미암아 믿는 자가 더욱 많아 42그 여자에게 말하되 이제 우리가 믿는 것은 네 말로 인함이 아니니 이는 우리가 친히 듣고 그가 참으로 세상의 구주신 줄 앎이라 하였더라

1. 상황읽기

유대에서의 선교활동을 마치시고 갈릴리로 가기 위해 예수님과 제자들 일행은 사마리아 지역을 통과하고 있다. 사마리아 지역의 수가라 하는 마을(동네) 어귀의 우물가에서 예수님이 한 여인에게 하나님이 원하시는 참 예배자의 자세에 대해 가르쳐 주셨을 때, 이 여인은 예수님을 그들이 기다려오던 메시아, 곧 그리스도인 것을 인식하게 된다. 여러 번 결혼을 했던 자신의 처지 때문에 평소에 사람들과의 만남을 회피하던 여인이었지만, 예수를 그

리스도로 확신한 후에는 이 사실을 알리고자 마을로 달려 들어가 이 사실을 크게 외쳐 증언한다. 신약성경은 이 여인을 기독교의 최초의 메시야 증언자로 기록하고 있다.

　사회적으로 신뢰받기 어려웠던 여인의 말이었지만, 물동이를 버려두고 달려와 확신에 찬 목소리로 외치던 여인의 목소리에 마을사람들은 움직이기 시작했다. 여인이 만난 그리스도를 직접 만나고자 마을 어귀까지 나온 그들 중 많은 사람들이 예수님을 믿게 되었다. 그리고 예수님에게 자신들의 마을로 들어가 며칠 묵었다 가기를 청하는데, 이 청함에 흔쾌히 응한 예수님은 이틀간 그들과 함께 마을에 묵으며 말씀사역을 이어가신다. 이틀이 지나면서 더 많은 사람들이 믿게 되었다. 요한복음 4장은 예수님께서 유대인들이 꺼리는 사마리아 지역을 통과하며 오랫동안 서로 반목하고 지내던 유대인과 사마리아인들을 예배의 자리에서 서로 화해시키고 하나가 되게 하며, 진정한 기독교인으로 거듭나게 했는지를 잘 보여주고 있다. 다음의 질문들과 함께 오늘의 본문을 좀 더 자세히 살펴본다면, 우리는 마을선교의 모범적인 사례를 보여주신 예수님에게서 선교적 지혜와 전략을 배울 수 있을 것이다.

2. 세상에서 성경으로: 가정의 문제를 가진 여인을 치유하고 제자로 삼다

예수님이 활동하던 당시에 유대인들은 사마리아인들과 오랫동안 상종하지 않았다. 사마리아는 유대에서 갈릴리로 가는 지름길이었지만, 유대인들은 항상 그 길을 우회하여 다녔다고 한다. 이것은 당시에 유대인들과 사마리아인들과의 적대관계가 굉장히 심했음을 알 수 있다. 이런 상황에서 예수님은 왜 유대인들이 꺼리는 사마리아인들이 사는 동네를 통과하는 노선을 택해서 길을 가고 있었는가? 이것은 우리에게 세상 속에서 소외당하는 자들, 특히 지극히 작은 자들에 대한 사랑을 생각하게 한다. 그리고 그렇게 작은 자들 중에서 한 여인과의 만남을 통해 우리가 어떻게 그들을 돕고 사랑해야하는 지를 알 수 있게 한다.

본문에서 여인에게 물을 얻어 마신 예수님은 오히려 영원히 목마르지 않는 생수를 알려주신다. 이를 통해 여인에게도 목마름이 있음을 알 수 있다. 여인의 목마름은 육체적인 것이 아님을 아시고 예수님은 여인에게 해결하고 싶은 갈증들이 있음을 지적하신다. 그리고 본문 마지막에서 예수님이 선지자라는 것을 인식한 여인은 예배에 관한 이야기를 꺼낸다. 유대인이 아닌 사마리아인으로써 예배에 대한 갈증이 있었던 것이다. 이 갈증에 대해서 예수님은 예배하는 것이 장소나 민족의 문제가 아님을 확인시켜주신다. 이를 통해서 우리는 무엇을 알 수 있는 것인가? 예수님께서는 남편이 다섯 명이지만, 만족하지 못한 가정생활에 대해 상처를 가지고 있었던 여인을 치유하셨고 그녀에게 영생의 생수를 알려주셨다. 그리고 다시 여인을 제자 삼으셨다.

3. 성경에서 실천으로

1) 마을사람들의 신뢰를 얻다.

예수님을 만나고 여인은 마을 사람들에게 예수가 메시아임을 알렸다. 이것으로 여인은 마을사람들의 기피 대상에서 예수를 만난 최초의 사람으로 기억되게 된 것이다. 마을사람들에게 손가락질 받던 여인이 예수님을 만나고 마을 사람들의 신뢰의 대상으로 바뀌게 된다. 이것은 또한 마을목회가 지향하는 바이다. 마을목회를 통해서 예수 그리스도의 사랑으로 가난한 자, 병든 자, 나그네 된 자, 소외된 자 등이 하나님의 사람으로 사랑받은 사람으로 변화 될 수 있다는 것이다.

〈질문 1〉 예수님이 기다리던 메시아라는 것을 알게 된 후, 여인은 마을로 들어가 자신이 경험한 것을 와서 보라고 크게 외친다. 이 여인은 예수를 그리스도로 증언한 최초의 사람으로 성경에 기록되었는데, 여인은 어떻게 예수님을 메시아로 인식할 수 있었던 것일까?(25-29).

〈질문 2〉 씨를 뿌린 후에 기다려야 한다는 제자들에게 예수님은 이미 뿌려놓은 것이 있으니 거두기만 하면 된다고 말씀하신다. 여기서 씨를 뿌린 자는 누구이며, 거두기만 하면 된다는 말은 무엇인가? 예수님의 말씀이 마을선교에 어떤 것들을 시사해주는가?(35-38).

2) 예배를 통해 참 변화를 이끄시다

예배를 사모하던 여인의 마음은 사마리아 수가 마을 사람들에게도 마찬가지로 적용되었다. 예수를 받아들이고 믿게 된 마을 사람들은 예수님이 자신들과 함께 하기를 간절히 원했다. 그래서 예수가 머무는 동안에 마을 사람들과 마을은 변화되었고, 예배를 드리고 자신들의 삶속에서 하나님을 찾게 되었다. 이를 통해서 예배가 무엇인지 깨닫고 예수님이 세상의 구주이심을 고백하게 되었다.

〈질문 3〉 마을입구에 몰려온 사마리아인들은 예수를 믿게 된 후 자신들과 함께 머물기를 청하였다. 그곳에서 이틀을 머무는 동안 예수님은 어떻게 지내셨는가?(40-41)

〈질문 4〉 수가마을의 주민들이 예수에 대해 궁극적으로 증언한 내용은 무엇이며, 이들은 어떻게 그런 고백에까지 이르게 된 것일까?(42)

◇ 공동기도문 ◇

우리에게 생명 주신 사랑의 하나님, 독생자 예수 그리스도께서는 이 땅에 오셔서 소외되고 병든 자들을 먼저 돌보셨습니다. 마을을 돌아다니시며, 특히 이방인의 마을까지 돌아다니시며 병을 고치시고 어려운 자들에게 말씀과 희망의 메시지를 주신 예수님처럼 우리도 이웃을 섬기는 자들로 살아갈 수 있도록 도와주시옵소서. 사랑으로 역사하시어서 우리가 먼저 주변의 소외되고 병든 자들에게 손을 내밀게 하시고 우리의 사랑과 심령의 마음으로 그들을 치유하고 하나님의 사랑을 전할 수 있도록 우리를 먼저 주님의 이름으로 일어나서 세상의 빛과 소금으로 살게 하시옵소서. 주님의 사랑으로 우리의 마음과 몸이 변화되고 우리가 생각하는 모든 것들이 주님께서 주시는 뜻대로 이루어지게 하소서. 예수님의 이름으로 기도드립니다. 아멘

2장
공동체 기도의 전형인 주기도문

누가복음 11장 1-4절

1예수께서 한 곳에서 기도하시고 마치시매 제자 중 하나가 여짜오되 주여 요한이 자기 제자들에게 기도를 가르친 것과 같이 우리에게도 가르쳐 주옵소서 2예수께서 이르시되 너희는 기도할 때에 이렇게 하라 아버지여 이름이 거룩히 여김을 받으시오며 나라가 임하시오며 3우리에게 날마다 일용할 양식을 주시옵고 4우리가 우리에게 죄 지은 모든 사람을 용서하오니 우리 죄도 사하여 주시옵고 우리를 시험에 들게 하지 마시옵소서 하라

마태복음 6장 9-13절

9그러므로 너희는 이렇게 기도하라 하늘에 계신 우리 아버지여 이름이 거룩히 여김을 받으시오며 10나라가 임하시오며 뜻이 하늘에서 이루어진 것 같이 땅에서도 이루어지이다 11오늘 우리에게 일용할 양식을 주시옵고 12우리가 우리에게 죄 지은 자를 사하여 준 것 같이 우리 죄를 사하여 준 것

> 같이 우리 죄를 사하여 주시옵고 13우리를 시험에 들게 하지
> 마시옵고 다만 악에서 구하시옵소서(나라와 권세와 영광이
> 아버지께 영원히 있사옵나이다. 아멘)

1. 주기도문의 첫 단락

주기도문은 네 단락으로 구성되어 있다. 기도의 부름으로서의 하나님의 이름을 부르는 첫 번째 단락, 헬라어 당신의(아버지의) 뜻을 갖는 헬라어 '쑤'가 세 번 나오는 이인칭 단수 부분, '우리'라는 뜻을 가진 헬라어 '헤몬'이 다섯 번 반복되는 세 번째 단락과 그리고 마지막으로 송영의 부분이다. 곧 주기도문은 하나님의 뜻과 우리의 뜻을 찾는 기도인 것이다. 우리는 이번 공부를 통해 공동체적 기도의 전형인 주기도문의 의의에 대해 살필 것이다.

1) 하늘에 계신 우리 아버지여!

주기도문 전체를 하나의 교향악이라고 한다면 위의 구절은 '서곡'에 해당된다고 할 수 있다. 우리는 기도에 들어가기에 앞서 먼저 우리의 기도를 들으시는 하나님을 이런 마음으로 불러야 할 것이다. 즉 그분은 하늘에 계신 분이며 우리의 아버지라는 사실에

대한 인식이다. 그분은 우리가 발을 딛고 살고 있는 이 땅을 포함한 온 우주에 편만하신 창조주 하나님이시다. 그 위대한 하나님을 아버지라고 부르도록 하신다. 예수님의 아버지이신 야훼 하나님을 그의 자녀인 우리들도 '아빠'(예수님께서 사용하신 아람어로도 우리말과 똑 같이 '아빠'임/ 막 14:36, 롬 8:15, 갈 4:6 참조) 라고 부르라는 것이다. 또한 그분이 나의 아버지이며 너의 아버지일 뿐 아니라 '우리 아버지'라는 표현 속에 담겨져 있는 공동체적 의미를 되새기면서 기도하면 좋을 것이다.

2) 아버지의 이름이 거룩히 여김을 받으소서.

> **요한계시록 4장 1-11절**
>
> 1이 일 후에 내가 보니 하늘에 열린 문이 있는데 내가 들은 바 처음에 내게 말하던 나팔 소리 같은 그 음성이 이르되 이리로 올라오라 이 후에 마땅히 일어날 일들을 내가 네게 보이리라 하시더라 2내가 곧 성령에 감동되었더니 보라 하늘에 보좌를 베풀었고 그 보좌 위에 앉으신 이가 있는데 3앉으신 이의 모양이 벽옥과 홍보석 같고 또 무지개가 있어 보좌에 둘렸는데 그 모양이 녹보석 같더라 4또 보좌에 둘려 이십사 보좌들이 있고 그 보좌들 위에 이십사 장로들이 흰 옷을 입고 머리에 금관을 쓰고 앉았더라 5보좌로부터 번개와 음성과 우렛소리가 나고 보좌 앞에 켠 등불 일곱이 있으니 이는 하나님의 일곱 영이라

> 6보좌 앞에 수정과 같은 유리 바다가 있고 보좌 가운데와 보좌 주위에 네 생물이 있는데 앞뒤에 눈들이 가득하더라 7그 첫째 생물은 사자 같고 그 둘째 생물은 송아지 같고 그 셋째 생물은 얼굴이 사람 같고 그 넷째 생물은 날아가는 독수리 같은데 8네 생물은 각각 여섯 날개를 가졌고 그 안과 주위에는 눈들이 가득하더라 그들이 밤낮 쉬지 않고 이르기를 거룩하다 거룩하다 거룩하다 주 하나님 곧 전능하신 이여 전에도 계셨고 이제도 계시고 장차 오실이시라 하고 9그 생물들이 보좌에 앉으사 세세토록 살아 계시는 이에게 영광과 존귀와 감사를 돌릴 때에 10이십사 장로들이 보좌에 앉으신 이 앞에 엎드려 세세토록 살아 계시는 이에게 경배하고 자기의 관을 보좌 앞에 드리며 이르되 11우리 주 하나님이여 영광과 존귀와 권능을 받으시는 것이 합당하오니 주께서 만물을 지으신지라 만물이 주의 뜻대로 있었고 또 지으심을 받았나이다 하더라

〈질문 1〉 본문의 배경을 화폭에 그린다면, 여기에 등장하는 인물과 무대 배치(mise-en-scene)는 어떻게 될까?

〈질문 2〉 '거룩'에 해당되는 히브리어 '카도쉬'(qadosh)는 구별, 분리, 위엄의 뜻을 지닌다. 이사야 6:1-7에서 그 뜻을 이해해 보자.

〈질문 3〉 거룩과 연관 될 수 있는 단어를 성경에서 찾아본다면….

〈질문 4〉 '하늘의 거룩한 예배'라는 제목으로 간단한 기도문을 작성해 보자. 끝은 위의 구절로 마친다.

2. 주기도문의 두 번째 단락

1) 아버지(하늘)의 왕국이 임하소서

마태복음 5장 1-12절

1 예수께서 무리를 보시고 산에 올라가 앉으시니 제자들이 나아온지라 2 입을 열어 가르쳐 이르시되 3 심령이 가난한 자는 복이 있나니 천국이 그들의 것임이요 4 애통하는 자는 복이 있나니 그들이 위로를 받을 것임이요 5 온유한 자는 복이 있나니 그들이 땅을 기업으로 받을 것임이요 6 의에 주리고 목마른 자는 복이 있나니 그들이 배부를 것임이요 7 긍휼히 여기는 자는 복이 있나니 그들이 긍휼히 여김을 받을 것임이요 8 마음이 청결한 자는 복이 있나니 그들이 하나님을 볼 것임이요 9 화평하게 하는 자는 복이 있나니 그들이 하나님의 아들이라 일컬음을 받을 것임이요 10 의를 위하여 박해를 받은 자는 복이 있나니 천국이 그들의 것임이라 11 나로 말미암아 너희를 욕하고 박해하고 거짓으로 너희를 거슬러 모든 악한 말을 할 때에는 너희에게 복이 있나니 12 기뻐하고 즐거워하라 하늘에서 너희

> 의 상이 큼이라 너희 전에 있던 선지자들도 이같이 박해하였
> 느니라

〈질문 5〉 하나님 나라에 속한 시민들은 누구인가?

〈질문 6〉 그들에게 주어지는 복은 각각 어떤 것이며, 하늘 왕국에서 말하는 행복이란?

〈질문 7〉 우리들이 보통 기도하면서 바라는 복과는 어떤 차이가 있나?

〈질문 8〉 8복 가운데 어느 하나를 예를 들어 기도문으로 작성해 보자. 끝은 위의 구절로 마친다.

2) 아버지의 뜻이 하늘에서 이루어진 것처럼 땅에서도 이루어지소서.

> **마태복음 26장 36-46절**
> 36이에 예수께서 제자들과 함께 겟세마네라 하는 곳에 이르러 제자들에게 이르시되 내가 저기 가서 기도할 동안에 너희는 여기 앉아 있으라 하시고 37베드로와 세베대의 두 아들을 데리고 가실새 고민하고 슬퍼하사 38이에 말씀하시되 내 마음이 매우 고민하여 죽게 되었으니 너희는 여기 머물러 나와 함께

> 깨어 있으라 하시고 39조금 나아가사 얼굴을 땅에 대시고 엎드려 기도하여 이르시되 내 아버지여 만일 할 만하시거든 이 잔을 내게서 지나가게 하옵소서 그러나 나의 원대로 마시옵고 아버지의 원대로 하옵소서 하시고 40제자들에게 오사 그 자는 것을 보시고 베드로에게 말씀하시되 너희가 나와 함께 한 시간도 이렇게 깨어 있을 수 없더냐 41시험에 들지 않게 깨어 기도하라 마음에는 원이로되 육신이 약하도다 하시고 42다시 두 번째 나아가 기도하여 이르시되 내 아버지여 만일 내가 마시지 않고는 이 잔이 내게서 지나갈 수 없거든 아버지의 원대로 되기를 원하나이다 하시고 43다시 오사 보신즉 그들이 자니 이는 그들의 눈이 피곤함일러라 44또 그들을 두시고 나아가 세 번째 같은 말씀으로 기도하신 후 45이에 제자들에게 오사 이르시되 이제는 자고 쉬라 보라 때가 가까이 왔으니 인자가 죄인의 손에 팔리느니라 46일어나라 함께 가자 보라 나를 파는 자가 가까이 왔느니라

〈질문 9〉 겟세마네(Gethsemani; 기름 짜는 기계를 뜻함)는 예루살렘 동쪽 기드론 시내 건너편 곧 예루살렘에서 여리고로 가는 도로 위쪽인 감람산 서편 기슭에 위치한 동산이다. 이곳에 올리브기름을 짜는 틀이 있다하여 이 이름이 붙여졌다. 예수께서는 평소에도 이곳을 기도처로 사용하셨다. 왜 여기를 마지막기도처로 사용하셨을까. 겟세마네의 뜻과 그 기도를 연결 시켜 본다면?

〈질문 10〉 십자가를 직감한 예수님과 이를 전혀 예기치 못한 제자들 사이의 간극, 특히 베드로와 야고보 그리고 요한마저 이를 인식하지 못한 까닭은?

〈질문 11〉 우리가 구체적인 기도를 하기에 앞서 먼저 '자기 부정'이 필요한 까닭은 무엇일까?

〈질문 12〉 '내 뜻대로 마옵시고 아버지의 뜻대로'로 시작되는 기도문 작성하면서 위의 구절로 마치도록 하자.

출애굽기 16장 13-20절

13저녁에는 메추라기가 와서 진에 덮이고 아침에는 이슬이 진 주위에 있더니 14그 이슬이 마른 후에 광야 지면에 작고 둥글며 서리 같이 가는 것이 있는지라 15이스라엘 자손이 보고 그것이 무엇인지 알지 못하여 서로 이르되 이것이 무엇이냐 하니 모세가 그들에게 이르되 이는 여호와께서 너희에게 주어 먹게 하신 양식이라 16여호와께서 이같이 명령하시기를 너희 각 사람은 먹을 만큼만 이것을 거둘지니 곧 너희 사람 수효대로 한 사람에 한 오멜씩 거두되 각 사람이 그의 장막에 있는 자들을 위하여 거둘지니라 하셨느니라 17이스라엘 자손이 그같이 하였더니 그 거둔 것이 많기도 하고 적기도 하나 18오멜로 되어 본즉 많이 거둔 자도 남음이 없고 적게 거둔 자도 부족함이 없이 각 사람은 먹을 만큼만 거두었더라 19모세가 그들에게 이르기를 아무든지 아침까지 그것을 남겨두지 말라 하였으나 20그들이 모세에게 순종하지 아니하고 더러는 아침까지 두었더니 벌레가 생기고 냄새가 난지라 모세가 그들에게 노하니라

요한복음 6장 1-15절
1그 후에 예수께서 디베랴의 갈릴리 바다 건너편으로 가시매 2큰 무리가 따르니 이는 병자들에게 행하시는 표적을 보았음이러라 3예수께서 산에 오르사 제자들과 함께 거기 앉으시니 4마침 유대인의 명절인 유월절이 가까운지라 5예수께서 눈을 들어 큰 무리가 자기에게로 오는 것을 보시고 빌립에게 이르시되 우리가 어디서 떡을 사서 이 사람들을 먹이겠느냐 하시니 6이렇게 말씀하심은 친히 어떻게 하실지를 아시고 빌립을 시험하고자 하심이라 7빌립이 대답하되 각 사람으로 조금씩 받게 할지라도 이백 데나리온의 떡이 부족하리이다 8제자 중 하나 곧 시몬 베드로의 형제 안드레가 예수께 여짜오되 9여기 한 아이가 있어 보리떡 다섯 개와 물고기 두 마리를 가지고 있나이다 그러나 그것이 이 많은 사람에게 얼마나 되겠사옵나이까 10예수께서 이르시되 이 사람들로 앉게 하라 하시니 그 곳에 잔디가 많은지라 사람들이 앉으니 수가 오천 명쯤 되더라 11예수께서 떡을 가져 축사하신 후에 앉아 있는 자들에게 나

> 눠 주시고 물고기도 그렇게 그들의 원대로 주시니라 12그들이 배부른 후에 예수께서 제자들에게 이르시되 남은 조각을 거두고 버리는 것이 없게 하라 하시므로 13이에 거두니 보리떡 다섯 개로 먹고 남은 조각이 열두 바구니에 찼더라 14그 사람들이 예수께서 행하신 이 표적을 보고 말하되 이는 참으로 세상에 오실 그 선지자라 하더라 15그러므로 예수께서 그들이 와서 자기를 억지로 붙들어 임금으로 삼으려는 줄 아시고 다시 혼자 산으로 떠나가시니라

3) 우리 생존에 필요한 양식을 오늘 우리에게 주옵소서.

〈질문 13〉 이스라엘 백성이 광야에서 먹었던 '만나'는 하루치의 양식이었다. 따라서 그 다음 날 아침이 되면 남은 것들은 다 썩었다. 왜 그랬을까?

〈질문 14〉 많이 거둔 사람도 남지 않고 적게 거둔 사람도 모자라지 않는, 만나의 기적과 '오병이어'의 기적이 지닌 공통점을 말해 보자. 이를 오늘의 우리 자본주의 경제 구조와 비교하여 설명해 보자.

〈질문 15〉 '일용할'이라고 번역되는 그리스어는 $ἐπι$-$οὐσιος$ 즉 epi(위)-ousios (본질)이다. 이 말을 토대로 한다면 우리가 하루를 살아가는데 필요한(necessary for existence) 양식은 어떤 것일까?

〈질문 16〉 예수 그리스도의 자녀로 살아가는데 필요한 하루의 양식을 위해 기도문을 작성하여 기도하자. 마무리는 위의 구절로 한다.

3. 주기도문의 세 번째 단락

1) 우리가 우리에게 빚진 자를 용서해 준 것처럼 우리의 죄를 용서해 주옵소서

> **마태복음 18장 21-35절**
>
> 21그 때에 베드로가 나아와 이르되 주여 형제가 내게 죄를 범하면 몇 번이나 용서하여 주리이까 일곱 번까지 하오리이까 22예수께서 이르시되 네게 이르노니 일곱 번뿐 아니라 일곱 번을 일흔 번까지라도 할지니라 23그러므로 천국은 그 종들과 결산하려 하던 어떤 임금과 같으니 24결산할 때에 만 달란트 빚진 자 하나를 데려오매 25갚을 것이 없는지라 주인이 명하여 그 몸과 아내와 자식들과 모든 소유를 다 팔아 갚게 하라 하니 26그 종이 엎드려 절하며 이르되 내게 참으소서 다 갚으리이다 하거늘 27그 종의 주인이 불쌍히 여겨 놓아 보내며 그 빚을 탕감하여 주었더니 28그 종이 나가서 자기에게 백 데나리온 빚진 동료 한 사람을 만나 붙들어 목을 잡고 이르되 빚을 갚으라 하매 29그 동료가 엎드려 간구하여 이르되 나에게 참아 주소서 갚으리이다 하되 30허락하지 아니하고 이에 가서 그가 빚을 갚도록 옥에 가두거늘 31그 동료들이 그것을 보고 몹시 딱하게 여겨 주인에게 가서 그 일을 다 알리니 32이에 주인이 그를 불러다가 말하되 악한 종아 네가 빌기에 내가 네 빚

> 을 전부 탕감하여 주었거늘 33내가 너를 불쌍히 여김과 같이 너도 네 동료를 불쌍히 여김이 마땅하지 아니하냐 하고 34주인이 노하여 그 빚을 다 갚도록 그를 옥졸들에게 넘기니라 35너희가 각각 마음으로부터 형제를 용서하지 아니하면 나의 하늘 아버지께서도 너희에게 이와 같이 하시리라

〈질문 17〉 '죄'를 빚으로 비유할 수 있는데 그 근거는 무엇인가?

〈질문 18〉 만 달란트와 백 데나리온의 차이로, 하나님 관계와 이웃 관계의 큰 차이를 느낀 경험이 있는가? (1 데나리온은 노동자의 하루 품삯이며, 1 달란트는 6천 데나리온이다.)

〈질문 19〉 주기도문에서 '용서'에 대한 비중은 어떠하다고 생각하는가? 진정한 용서가 하나님에서와 사람 앞에서 동시에 이루어져야 한다면 그 까닭은?

〈질문 20〉 그동안 내게 빚 진 사람과 또 내가 빚을 진 사람들을 떠올리며 '용서'를 전제로 기도하자. 기도문을 작성하되 위의 구절로 마무리하라.

2) 유혹에 빠지지 않게 하시고 악한 자에게서 우리를 건져 주옵소서.

> **누가복음 4장 1-13절**
> 1예수께서 성령의 충만함을 입어 요단강에서 돌아오사 광야

> 에서 사십 일 동안 성령에게 이끌리시며 2마귀에게 시험을 받으시더라 이 모든 날에 아무 것도 잡수시지 아니하시니 날 수가 다하매 주리신지라 3마귀가 이르되 네가 만일 하나님의 아들이어든 이 돌들에게 명하여 떡이 되게 하라 4예수께서 대답하시되 기록된바 사람이 떡으로만 살 것이 아니라 하였느니라 5마귀가 또 예수를 이끌고 올라가서 순식간에 천하만국을 보이며 6이르되 이 모든 권위와 그 영광을 내가 네게 주리라 이것은 내게 넘겨 준 것이므로 내가 원하는 자에게 주노라 7그러므로 네가 만일 내게 절하면 다 네 것이 되리라 8예수께서 대답하여 이르시되 기록된 바 주 너의 하나님께 경배하고 다만 그를 섬기라 하였느니라 9또 이끌고 예루살렘으로 가서 성전 꼭대기에 세우고 이르되 네가 만일 하나님의 아들이어든 여기서 뛰어내리라 10기록되었으되 하나님이 너를 위하여 그 사자들을 명하사 너를 지키게 하시리라 하였고 11또한 그들이 손으로 너를 받들어 네 발이 돌에 부딪치지 않게 하시리라 하였느니라 12예수께서 대답하여 이르시되 주 너의 하나님을 시험하지 말라 하였느니라 13마귀가 모든 시험을 다 한 후에 얼마 동안 떠나니라

〈질문 21〉 예수께서 성령에 이끌리어 가신 곳은 유대 광야로 번역되는 '에레모스'(eremos) 였다. 또한 그 다음에도 예수님이 일부러 찾으신 '한적한 곳'이며 외딴 곳, 빈들로도 번역된다. 이곳이 우리에게 주는 의미는 무엇인가? (마 14:13, 막

1:35, 눅 5:16, 요 6:15)

〈질문 22〉 지금 우리가 살고 있는 이 시대의 시대적 유혹과 개인적 유혹을 적어 보자.

〈질문 23〉 영성수련을 위한 '물러남'(Spiritual Retreat)의 필요성은 무엇이며 이 때 우리가 해야 할 기도는 어떤 것일까?

〈질문 24〉 예수님을 유혹한 사탄의 3가지 시험을 오늘 나와 내가 속한 교회에 적용하면서 기도문을 작성하자.

◇ 공동기도문 ◇

하나님. 우리는 우리 욕심에 사로잡혀 나의 뜻을 내려놓지 못하고 기도할 때가 많았습니다. 주님 이제 우리의 욕심과 고집들을 내려놓고 주님의 뜻을 찾는 제자들이 되게 하여 주시옵소서. 나만 바라보는 눈을 돌려 우리의 이웃을 바라보는 자들이 되게 하여 주시옵소서. 그들이 얼마나 경제적으로 어렵게 사는지. 그리고 죄짐에 눌려 얼마나 많은 고통을 당하는지. 세상의 수많은 고통과 불행 속에서 얼마나 힘들어하는지를 살피는 우리들이 되게 하여 주시옵소서. 이에 우리 모두 하나님 아버지를 우리의 아버지로 고백하는 자들이 되게 하시옵소서. 나의 아버지가 될 뿐 아니라, 너의 아버지도 되시며, 모두의 아버지가 되시는 하나님 전전에 나아가는 우리가 되게 하시옵소서. 예수님의 이름으로 기도드립니다. 아멘.

3 장
교회교육과 지역사회 교육

> **요한복음 2장 1-11절**
>
> 1사흘째 되던 날 갈릴리 가나에 혼례가 있어 예수의 어머니도 거기 계시고 2예수와 그 제자들도 혼례에 청함을 받았더니 3포도주가 떨어진지라 예수의 어머니가 예수에게 이르되 저들에게 포도주가 없다 하니 4예수께서 이르시되 여자여 나와 무슨 상관이 있나이까 내 때가 아직 이르지 아니 하였나이다 5그의 어머니가 하인들에게 이르되 너희에게 무슨 말씀을 하시든지 그대로 하라 하니라 6거기에 유대인의 정결 예식을 따라 두세 통 드는 돌 항아리 여섯이 놓였는지라 7예수께서 그들에게 이르시되 항아리에 물을 채우라 하신즉 아귀까지 채우니 8이제는 떠서 연회장에게 갖다 주라 하시매 갖다 주었더니 9연회장은 물로 된 포도주를 맛보고도 어디서 났는지 알지 못하되 물 떠온 하인들은 알더라 연회장이 신랑을 불러 10말하되 사람마다 먼저 좋은 포도주를 내고 취한 후에 낮은 것을 내거늘 그대는 지금까지 좋은 포도주를

> 두었도다 하니라 11예수께서 이 첫 표적을 갈릴리 가나에서
> 행하여 그의 영광을 나타내시매 제자들이 그를 믿으니라

1. 세상 바라보기

마을은 다양한 사람이 살고 있으며 그로 인해서 다양한 문제들이 산적해 있다. 특히 물질 만능주의에 대한 폐단으로 마을의 기초 단위인 가정이 심각하게 위협 받고 있다. '부모'는 자녀를 위해 돈을 번다. 하지만 정작 부모가 가장 필요한 시기의 자녀들은 하루 종일 부모 없이 방치되어 학원가를 전전한다. 부모는 자녀의 교육을 위해 일을 하고 돈을 벌지만 결국 교육이 부재되어 있는 마을은 '중요한 무엇인가'가 결핍되어 있다. 농촌과 도시를 비교했을 때 겉으로 보이는 형태만 다를 뿐 그 결핍은 동일하다. 농촌의 마을은 급격한 고령화와 해외 이주 노동자의 유입, 이주여성과의 혼인으로 구성된 다문화 가정의 증가라는 사회적 '숙제' 속에서 다문화 자녀들의 교육의 결핍이 초래되고 있다. 이주여성들은 차별적인 노동 현실 속에서 고향으로 생활비를 보냄과 동시에 농촌마을에서의 생계유지를 해야 하는 이중고를 겪고 있다.[1] 자연

---

[1] 농어촌 다문화가족의 현황과 정책 개선 방안, http://17region.pa.go.kr/main/main.php

스럽게 자녀들은 교육과 양육의 사각지대에 놓이게 되었다.

오늘날 마을 속에 위치한 교회는 무엇을 하고 있으며 무엇을 해야 하는가? 마을의 결핍의 문제를 적극적으로 찾아 나서고 그 결핍을 해소시키는 것이 마을목회의 목적이라고 할 수 있다. 예수님은 갈릴리 가나의 혼인잔치(마을잔치)에 초대 되셨다. 제자들도 함께 하였다. 그리고 그곳에서 발견된 결핍의 문제를 해소하셨다. '가나의 혼인잔치'의 결론이 무엇인가? "그의 영광을 나타내시며 제자들이 그를 믿으니라"(11절)이다. 본문에는 나타나있지 않지만, 제자는 물론 기적의 포도주를 맛본 마을의 모든 사람들은 예수님을 믿었을 것이다. 이것이 오늘날 마을 속에 있는 교회의 목회가 지향해야 하는 방향성이다. 마을의 결핍을 채우고 그것으로 예수를 믿게 하는 것이다.

앞서 오늘날 마을이 겪고 있는 많은 결핍 중 '교육'의 결핍에 대해 말하였다. 마을목회에서 '교회교육'과 '지역사회 교육'은 물을 포도주로 변화시키고 그것으로 예수의 이름이 영광 받게 하는 가장 중요한 통로라고 할 수 있겠다.

〈질문 1〉 교회가 속한 마을이 겪고 있는 '결핍'은 무엇인지 말해 보자.

2. 세상에서 성경으로

가나의 혼인잔치에서 베푸신 예수님의 기적은 요한복음에서 등장하는 7가지 주요 기적들의 시작이다. 요한복음 1장에서 예수님은 나다나엘에게 "이보다 더 큰일을 보리라"(요 1:50)라고 말씀하셨다. 그리고 3일후에 가나의 혼인잔치가 시작된다. 심지어 예수님이 공생애를 시작하며 세례 요한에게 세례를 받고 7일 만에 일어난 일이다(1:29; 35; 43, '이튿날', 이후 2:1 '사흘째 되던 날'). 요한복음에서 7일이라는 숫자는 아주 중요한 의미를 지닌다. 예수께서 장차 베푸실 구원의 은혜가 얼마나 영광스럽고 온전한지를 7이라는 숫자에 담아낸 것이다.

가나의 혼인잔치는 예수님이 자라신 마을 '갈릴리'의 '가나'에서 일어난 일이다. 어느 집에 '혼인 잔치'가 있었고, 관습에 따라 마을 주민들과 친척들을 초대하였다. 아마 본서의 저자 사도 요한이나 그의 형제 야고보는 이 집 주인과 친척이었을 것이고, 나다나엘은 가나 사람인데다가 덕망이 높았음으로 초대 되었을 것이다.[2] 문제는 이 잔치자리에 '포도주'가 떨어졌다는 것이다. 상황적 결핍이 생겼다. 그것을 가장 먼저 눈치 챈 사람은 마리아였다. 마리아는 예수님만이 이 결핍을 해소 할 수 있음을 잘 알았다. 그래서 예수께 이 문제를 가지고 나아왔다. 그리고 하인들(마을주민들)의 순종이 가미되어 잔치는 새로운 포도주로 다시, 활력이 넘치게 된다.

포도주의 상실은 불완전함이다. 하지만 예수님은 그것을 맛

---

2 옥스퍼드원어성경대전, 요한복음 제1-6장, 173

좋은 포도주, 완전함으로 바꾸셨다. 정결예식의 물은 무익함이다. 하지만 예수님은 그것을 질 좋은 포도주, 유익함으로 바꾸셨다. 하인들(마을주민들)은 무력했다. 하지만 예수님은 그들의 순종을 유력하게 하셨다. 이처럼 요한복음 2장의 가나의 혼인잔치 가운데 나타난 포도주의 결핍과 이를 채우시는 예수님의 기적은 세상 가운데 살아가는 인간(마을)이 겪고 있는 결핍과 교회를 통해서 이것을 채우시는 예수님의 기적의 이야기이며, 장차 온 세상(마을)을 온전한 구원의 축복으로 인도하는 이야기 인 것이다.

〈질문 2〉 우리 마을에 '떨어진 포도주'와 같은 교육적 결핍은 어떤 것이 있는지 살펴보고, 이것을 예수의 이름으로 채울 수 있는 실제적인 방법에 대해 말해 보자.

3. 성경에서 실천으로

1) 느티교회의 사례

충청북도 단양군 영춘면에 위치한 느티교회는 1985년 이수호 목사가 개척한 전형적인 농촌교회이다. 10여 년 전부터 한국 여성들이 농촌으로 시집오기를 꺼리는 풍토 때문에 농촌 총각들은 이주여성들과 결혼해야 했고, 농촌에 다문화 가정이 점점 늘어났다. 타지로 시집 온 여성들은 대부분 필리핀, 베트남, 네팔 여성들이었다. 교회는 이주여성들의 언어와 문화 장벽을 해결해주고,

그들의 자녀인 다문화가정 아이들의 교육을 위한 프로그램을 하나하나 만들어 갔다. 주로 다문화가정의 한글 교육과 자녀들의 컴퓨터 교육을 도맡아 마을을 섬긴 느티교회는 2016년 이수호 목사가 소천 한 후 그 뒤를 이어 세 아이의 아빠인 최만석 목사가 부임하면서 농촌 마을목회에 대한 뜻을 이어가고 있다. 최근 C채널 '힘내라! 고향교회2' 193회편에 소개된 느티교회는 총회 주제인 '거룩한 교회 다시 세상 속으로'에 걸맞는 농촌 마을목회의 모델로서 아름다운 모델이 되어 주고 있다. 또한 서울의 K교회 청년부, Y교회 국내선교부 등 선교후원과 아웃리치 사역을 통해 농촌 마을목회에 힘을 더해주고 있다.

2) 삶에 적용

(1) '마리아의 영성' 양성과정 :

먼저 마을목회에서 중요한 것은 '마리아의 영성'을 갖은 사역자의 양성이다. '누가 마리아가 되어 줄 것인가?'이다. 마리아는 예수님만이 잔치의 결핍을 해결할 수 있음을 잘 알았다. 그래서 예수님께 그 문제를 가지고 왔다. 마을목회의 관건은 마을의 결핍의 문제를 적극적으로 찾아 나서고 그것을 마을목회의 대상으로 확대 시킬 수 있는 역할이 중요하다는 것이다. 교회는 성도들이 속해 있는 마을에서 그리스도인으로 빛과 소금으로 살 것을 도전한다. 하지만 그 구체적 실천 방안에 대한 청사진이 없다. 사실 성도 개개인이 그 역할을 홀로 감당하기에 역부족인 것이 사실이다. 그렇기 때문에 마리아처럼 결핍의 문제를 발견하고 그것을 예수님(교회)께 전달해줄 다리의 역할이 필요하다. 그러고 나면 교회는 예수 그리스도의 가르침을 바탕으로 그 결핍을 해소하기 위한 로드맵을 제시해야 한다.

(2) 공공기관과의 협조

교회가 마을의 모든 문제를 떠안을 수는 없다. 우선적으로 사회공공시스템을 적극적으로 활용하고 협력해야 한다. 동 주민센터 혹은 구청(시청)과의 협력사업으로 발전시켜서 지속 가능한 사업이 될 수 있도록 해야 한다. '가나의 혼인 잔치'도 '하인'들의 순종이 가미 되었듯이, 마을목회에서 공공기관과의 협력은 필수적이다. 물론 종교적 색채를 배재시키고 사회기관과 협력하는 것은 쉽지 않다. 하지만 교회는 궁극적인 목적을 '전도'에 두어야 한다. 그러기 위해서 노골적인 전도 전략보다는 '가랑비에 옷 젖듯'이 성실한 섬김으로 마을의 결핍을 통한 전도가 이루어져야 할 것이다.

(3) 동반성장 프로그램

한 마을에 적어도 두 개 이상의 교회가 존재한다. 마을목회의 전략을 교회의 경쟁구도로 끌고 가서는 안 된다. 중요한 것은 상생이다. 지역 교회와 교회가 긴밀한 협조가 필요하다. 뿐만 아니라 도시 교회와 농촌 교회의 차원에서도 동반성장을 도모해야 한다. 농촌 교회는 인적, 물적 자원이 풍부하지 못하다. 때문에 도시 교회는 농촌 교회의 마을목회를 지원하고, '지역 주민과 함께 하는 농촌 봉사 활동' 등을 기획하여 '하나님의 선교'(Missio Dei)를 실현해야 한다. 비록 신앙생활을 하지 않는 지역 주민이라 할지라도 봉사의 기회를 통해서 복음을 경험할 수 있는 통로로서의 선교이자, 농촌 지역 불신자들에게 복음을 경험케 하는 선교이다.

3) 우리의 결단

(1) 우리 마을 마리아 선정
마리아의 영성 양성 과정을 통해서 양육된 사역자들을 둘씩 파송하여 마을을 돌아보도록 한다.

(2) 교회교육과 사회 교육 프로그램의 확대
교회교육은 주일학교 교육에 집중한다. 동시에 사회교육은 전문 교육가를 섭외하고 교회는 교육의 장을 마련해 주도록 한다.

(3) 지역아동센터 지원
지역 아동센터는 이미 국가기관의 지원을 받고 있다. 지역 아동센터를 신설하려면, 적절한 기준에 부합되는 아동인구가 필요하다. 지역아동센터를 지원하고 아이들을 마을목회의 대상으로 삼는 것이 중요하다.

(4) 실버교육의 장

마을목회에서 중요한 것은 아동뿐만 아니라 고령화 사회에 따른 노인인구의 교육이다. 실버교육에 대한 대안도 마련해야 하는데 교회는 노년기를 의미 있게 보낼 수 있는 프로그램을 기획해야 한다.

〈질문 3〉 교회교육과 지역사회 교육의 차원으로서 마을목회의 구체적 실천 방안은 무엇이 있는지 생각해 보고, 실제적으로 필요한 인력자원과 재정 규모를 기획해 보자.

◇ **공동기도문** ◇

사랑의 주님! "가까운 마을로 가자! 거기서 전도하겠다. 내가 이를 위해서 왔다"라고 말씀하신 주님의 음성에 따라 우리가 마을로 들어갑니다. 우리 마을이 주님의 사랑이 임재 하는 공간이 되게 하시고, 우리의 발걸음이 복음이 씨앗이 심겨지는 거름이 되게 하여 주옵소서. "너희는 세상의 빛이라 산 위의 동네가 숨겨지지 못할 것이다" 말씀하신 주님! 우리 마을이 우리 교회의 빛으로 밝게 빛나 주님을 만날 수 있게 하여 주옵소서. 우리 주위에는 소외 받고 고통 받는 이웃들이 많습니다. 맛있는 포도주를 맛보지 못하고 목말라 하고 있습니다. 생명의 음료가 되시는 주님! 그들에게 영원히 목마르지 않는 생수이자, 가장 맛있는 포도주이신 예수님의 사랑이 전하여지게 하여 주옵소서. 우리가 등 떠밀려 마을로 들어가지 않고, 우리를 구원하신 은혜의 기쁨에 감격하며 마을로 들어갈 수 있도록 주님이 함께하여 주옵소서. 예수님의 이름으로 기도드립니다. 아멘.

4장
마을에서 세계로

> **사도행전 1장 8절**
>
> 오직 성령이 너희에게 임하시면 너희가 권능을 받고 예루살렘과 온 유대와 사마리아와 땅 끝까지 이르러 내 증인이 되리라 하시니라
>
> **요나서 4장 10-11절**
>
> 10여호와께서 이르시되 네가 수고도 아니하였고 재배도 아니하였고 하룻밤에 났다가 하룻밤에 말라버린 이 박넝쿨을 아꼈거든 11하물며 이 큰 성읍 니느웨에는 좌우를 분변하지 못하는 자가 십이만여 명이요 가축도 많이 있나니 내가 어찌 아끼지 아니하겠느냐 하시니라

1. 세상 바라보기

오늘 우리는 이 세계를 지구촌이라 부른다. 각종 정보 통신과 교통망의 발달로 인해 사람들은 쉽게 왕래하며 소통하게 되었

다. 예전에는 사람이 먼 곳에 있는 다른 사람에게 소식을 전하려면 시간이 오래 걸리기도 하고 연락하기 어려웠다. 그러나 이제는 지구 반대편에서 일어나는 한 마을의 일도 빠르게 알 수 있는 세상이 되었다. 또한 과거에는 자기가 살던 지역을 떠나 멀리 가는 것이 쉽지 않았다. 그러나 지금은 아무리 멀리 떨어져 있더라도 비행기를 타고 며칠 만에 가는 세상이 되었다. 지구촌의 축제인 올림픽이 열리면 다른 곳에서 열리는 경기를 집에서 같은 시간에 볼 수도 있다. 그리고 인터넷이 되는 곳이면 어디든지 서로 간에 온갖 정보를 나눌 수 있게 되었다. 바야흐로 지구가 마치 한 마을처럼 가까워진 것이다.

〈질문 1〉 오늘날 지구가 한 마을처럼 가까워졌다는 것을 실감하는가? 예를 들어 이야기를 나누어 보자.

<참고> 마샬 맥루한(Herbert Marshall Mcluhan)이 *The Gutenberg Galaxy: The Making of Typographic Man(1961) and Understanding Media*(1964)라는 책을 썼는데, 거기서 지구촌(Global Village)이라는 단어를 처음 썼다. 그는 전 세계가 전자기술과 통신기술로 인해 한 번에 전 세계적으로 움직이는 정보의 움직임에 의해 마을처럼 변하고 있다고 표현했다.

지구를 한 마을같이 여기는 것은 불과 한 세기 전만 하더라도 인류에게 꿈과 같은 일이었다. 그런데 지구촌이 현대에 생겨난 단어지만 하나님께서는 이미 지구를 하나의 마을로 보시고 항상 온 인류를 향한 사랑과 계획을 가지고 있었다. 세상 열방을 회복

하려는 하나님의 의지는 인류의 타락 이래로 변함이 없다. 하나님의 시선은 언제나 유대 족속에게만 쏠려 있지 않았다. 하나님은 항상 전 지구촌에 살고 있는 모든 열방민족을 아끼고 사랑하고 계신다. 지구촌을 향한 하나님의 사랑은 예수님의 명령을 통하여 다시금 확인하게 된다. 제자들이 부활하신 예수님께 이스라엘 나라를 회복하심이 이때입니까 하고 물었다. 이에 대하여 예수님은 때와 시기는 아버지의 권한에 있으니 알 바가 아니라고 했다. 이어서 "오직 성령이 너희에게 임하시면 너희가 권능을 받고 예루살렘과 온 유대와 사마리아와 땅 끝까지 이르러 내 증인이 되리라 하시니라"(행 1:8)라고 하셨다.

2. 세상에서 성경으로

오직 성령이 임하시면 너희가 권능을 받고
예루살렘과 온 유대와 사마리아와 땅 끝까지 이르러 내 증인이
되리라 하시니라(행 1:8).

예수님께서는 승천하시면서 사람들에게 온 세상을 향하여 예수 그리스도의 증인이 되리라고 부탁하셨다. 예수님의 말씀대로 사도행전은 처음부터 끝까지 성령의 역사의 결과로 예수님의 증인들의 모습을 보여준다. 예루살렘과 유대, 사마리아, 그리고

땅 끝까지 이르는 증인들의 활약을 보여준다. 사도행전의 구성은 예루살렘에서의 증거(행 1:1-8:3), 사마리아에서의 증거(행 8:4-12:25), 땅 끝까지 이르는 증거(행 13:1-28:31)로 되어 있다.

예루살렘은 예수님의 죽음과 부활, 승천의 중요무대였다. 유대는 당시 로마에 속한 영토였으며 로마는 유대영토를 갈릴리, 사마리아, 유대 지역으로 나누었다. 유대지역은 옛날 에브라임, 단, 베냐민, 유다, 시므온 지방으로 사마리아 지역과 함께 로마 총독이 관할하였고, 갈릴리 지역은 갓, 르우벤의 땅을 합하여 헤롯 안디바가 관할하였다. 사마리아는 예루살렘 북쪽 약 67km 지점에 위치에 있었는데, 강대국들에 의해 사마리아 지역에 혼혈인이 많게 되어 유대인은 사마리아인을 이방인으로 취급하였다. 유대인은 그 지역에 가지도 않고 그곳 주민과는 상종도 하지 않았다. 스데반이 순교 후 예루살렘 교회가 핍박을 만나 교인들이 사방에 흩어지는 중에 이 사마리아에 들어가서 교회 설립의 기초가 되었다(행 8:1). 안디옥 교회에는 이방인을 위해서 최초로 선교사를 파송하였다. 최초의 선교사가 된 바울과 바나바는 제1차로 구브로 섬으로 떠났고, 몇 차례에 걸친 바울의 전도여행이 있었다. 로마에 도착한 바울은 가이사의 판결을 기다리는 동안 서신을 기록하여 복음을 전하게 되었다.

〈질문 2〉 예수님께서 승천하시기전 하신 사도행전 1장 8절의 말씀은 여러분에게 어떤 도전을 주는가?

여호와께서 이르시되 네가 수고도 아니하였고 재배도 아니하였고 하룻밤에 났다가 하룻밤에 말라버린 이 박넝쿨을 아꼈거든 하물며 이 큰 성읍 니느웨에는 좌우를 분변하지 못하는 자가 십이만여 명이요 가축도 많이 있나니 내가 어찌 아끼지 아니하겠느냐 하시니라(욘 4:10-11).

하나님께서 요나에게 대제국 앗수르의 수도 니느웨로 가서 그들에게 하나님의 말씀을 전하라고 하였다. 요나는 북왕국 이스라엘의 여로보암 2세 때의 예언자이다. 그러나 요나는 여호와의 얼굴을 피하여 다시스로 도망하려고 욥바로 내려갔다. 마침 다시스로 가는 배를 만나 여호와를 피하여 도망하기 위해 뱃삯을 주고 그들과 함께 배를 탔다. 요나가 배에 타자마자 큰 풍랑을 만났다. 요나는 어쩔 줄 모르는 선원들 앞에서 자기는 바다와 육지를 지으신 하늘의 하나님 여호와를 경외하는 자라고 말하고는, 지금 여호와의 낯을 피하여 도망하고 있다고 했다. 그래서 자기로 말미암아 이 폭풍이 오게 된 것이라고 하며 자신을 바다에 던지라고 말했다. 선원들이 배 안에 있는 짐을 모두 다 던져도 폭풍은 멈추지 않았고, 결국 선원들은 요나가 말한 대로 바다에 던졌다. 요나가 정신을 차려보니 물고기 뱃속에 있었다. 하나님께서 미리 준비하신 큰 물고기 뱃속에서 요나는 3일을 지냈다. 그 속에서 요나가 하나님께 항복하는 기도를 드리자 비로소 그 물고기 뱃속에서 풀려날 수 있었다.

하나님이 다시 요나에게 니느웨로 가서 선포하라고 하자 요나는 순종하였다. 요나가 니느웨에 심판을 선포하자 니느웨 사람들은 왕으로부터 모든 백성들이 금식을 하며 회개하였다. 그래서 하나님은 마음을 돌이켜 니느웨를 용서하고 심판을 내리지 않았다. 이에 대하여 요나는 오히려 니느웨가 멸망하지 않자 하나님께 화를 내었다. 하나님께서 박넝쿨 예비하사 요나에게 시원한 그늘을 선사하자 매우 기뻐하였다. 그러나 벌레가 박넝쿨을 시들게 하지 요나는 또 화를 내었다. 이때 하나님은 요나에게 네가 화를 내는 것이 합당하냐 하시자 요나가 합당하다고 대답하였다. 이때 하나님은 니느웨에 대한 하나님의 마음을 다음과 같이 나타낸다. "네가 수고도 아니하였고 재배도 아니하였고 하룻밤에 났다가 하룻밤에 말라버린 이 박넝쿨을 아꼈거든 하물며 이 큰 성읍 니느웨에는 좌우를 분변하지 못하는 자가 십이만여 명이요 가축도 많이 있나니 내가 어찌 아끼지 아니하겠느냐"(욘 4:10-11).

〈질문 3〉 하나님은 왜 요나에게 이런 말씀(욘 4:10-11)을 하셨을까?
      (참조: 욘 1-4장)

〈질문 4〉 하나님께서는 요나가 어떻게 변화되기를 원하시는가?

3. 성경에서 실천으로

〈질문 5〉 하나님의 말씀(욘 4:10-11)에 대한 요나의 반응은 나와 있지 않다. 만약 여러분이 요나라면 어떻게 대답하겠는가?

1) 일산 홍익교회의 사례

일산에 있는 홍익교회의 비전은 예수님께서 의도하시고 사도행전에서 보여 준 "바로 그 교회"를 만들어 가는 것이다. 담임목사 손철구는 1995년 본 교회에서 나와 서울 근처의 개발지를 기도하며 일산에서 개척을 시작하였다. 드디어 첫 예배드리게 되었는데 그는 그 날의 모든 예물을 해외선교비로 드렸다. 그리고 매월 세 번째 주의 헌금을 해외선교비로 드리기 시작했다. 이후 일산 지역 마을을 섬기는 반찬사역, 노숙인 사역, 도배사역, 긍휼사역, 제자사역, 실버사역 등 다양한 사역을 하면서 2000년도부터 현재에 이르기까지 다음세대들의 비전 트립을 진행하고 있으며, 터키, 인도네시아. 몽골, 네팔 등 해외선교 사역을 하고 있다. 나아가 홍익교회는 선교지 120개 교회 개척을 목표로 삼고 있다. 홍익교회의 손 목사는 한 마을만을 목회하는 지역교회에 머물지 않고 한국의 복음화와 세계선교의 한 모퉁이의 일을 감당하기로 한 비전을 실천하고 있는 것이다(홍익교회 http://www.hongik.or.kr/).

2) 안산이주민센터의 사례

안산이주민센터는 1994년 10월에 이주민이 많은 안산, 시화공단에 다문화 사회의 나눔을 실천하고자 세워졌다. 이곳에서 벌어지는 사업 중 국경 없는 마을 공동체 운동 은 지역 사회 내에서 한국인과 이주민들이 국적, 언어, 피부색, 종교, 경제와 문화적 차이를 극복하며 '공동체적으로 더불어 살기를 지향하는 운동'이다. 국경 없는 마을은 한국인과 이주민들이 생활하는 생활환경을 스스로 나서서 가꾸는 일을 한다. 이를 위해서 설, 추석 등 명절 축제를 비롯해 월드컵 행사나 주민만남의 날 등을 개최하여 주민들이 서로 교류할 수 있도록 다양한 마을 축제를 개최하고 있다. 또한 이주 공동체 지원 사업으로 방글라데시, 인도네시아, 몽골, 필리핀, 스리랑카, 태국 등 이주공동체들이 공동체 활성화를 위하여 커뮤니티 모임과 다양한 행사를 개최할 수 있도록 지원하고 있으며, 이주공동체 연합회를 창립하여 함께 활동하고 있다(안산이주민센터 http://www.migrant.or.kr/amc/m01).

〈질문 6〉 여러분의 마을로부터 세계를 향하는 하나님의 비전을 여러분의 교회와 삶에 적용하기 위한 실천 목록들을 적어 보자.
(예)
1. 하나님의 관점에서 타민족과 타문화에 열린 마음을 갖는다.
2. 자신의 삶의 현장에서 하나님의 보내심을 받은 선교사적 사명을 가진다.

3. 검소한 삶, 나누는 삶, 그리고 타인을 축복하는 삶을 산다.
4. 가정은 선교공동체로서 사랑을 나누며 다른 사람에게 증거한다.
5. 교회에서의 해외선교사역에 적극적인 동역자가 된다.

◇ **공동기도문** ◇

살아계시는 하나님! 온 세상을 다스리시고 섭리하시는 하나님의 이름을 높입니다. 모든 사람이 구원에 이르기를 원하시는 하나님의 뜻을 깨닫고 자신이 속한 마을과 더불어 세계를 향한 하나님의 마음을 품을 수 있도록 인도하여 주십시오. 민족주의적 갈등, 종교적 갈등 그리고 인종적 갈등과 지역주의, 편협한 민족주의가 지구촌을 하나로 보는 것을 방해하고 있습니다. 이기주의를 벗어나 하나님의 나라의 비전을 갖고 개인적 삶과 교회공동체 그리고 마을에 하나님의 선교를 실천할 수 있도록 인도하여 주시옵소서. 이를 위하여 이 시대 하나님이 원하시는 메시지에 귀를 기울이며 하나님의 사랑으로 온전한 지구촌 공동체가 회복될 수 있기를 간절히 간구합니다. 예수님 이름으로 기도합니다. 아멘

5 장

사회적 약자에 대한 섬김과 나눔의 책임적 신앙

> **룻기 3장 1-13절**
>
> 1룻의 시어머니 나오미가 그에게 이르되 내 딸아 내가 너를 위하여 안식할 곳을 구하여 너를 복되게 하여야 하지 않겠느냐 2네가 함께 하던 하녀들을 둔 보아스는 우리의 친족이 아니냐 보라 그가 오늘 밤에 타작마당에서 보리를 까불리라 3그런즉 너는 목욕하고 기름을 바르고 의복을 입고 타작마당에 내려가서 그 사람이 먹고 마시기를 다 하기까지는 그에게 보이지 말고 4그가 누울 때에 너는 그가 눕는 곳을 알았다가 들어가서 그의 발치 이불을 들고 거기 누우라 그가 네 할 일을 네게 알게 하리라 하니 5룻이 시어머니에게 이르되 어머니의 말씀대로 내가 다 행하리이다 하니라 6그가 타작마당으로 내려가서 시어머니의 명령대로 다 하니라 7보아스가 먹고 마시고 마음이 즐거워 가서 곡식 단 더미의 끝에 눕는지라 룻이 가만히 가서 그의 발치 이불을 들고 거기 누웠더라 8밤중에 그가 놀라 몸을

> 돌이켜 본즉 한 여인이 자기 발치에 누워 있는지라 9이르되 네가 누구냐 하니 대답하되 나는 당신의 여종 룻이오니 당신의 옷자락을 펴 당신의 여종을 덮으소서 이는 당신이 기업을 무를 자가 됨이니이다 하니 10그가 이르되 내 딸아 여호와께서 네게 복 주시기를 원하노라 네가 가난하건 부하건 젊은 자를 따르지 아니하였으니 네가 베푼 인애가 처음보다 나중이 더하도다 11그리고 이제 내 딸아 두려워하지 말라 내가 네 말대로 네게 다 행하리라 네가 현숙한 여자인 줄을 나의 성읍 백성이 다 아느니라 12참으로 나는 기업을 무를 자이나 기업 무를 자로서 나보다 더 가까운 사람이 있으니 13이 밤에 여기서 머무르라 아침에 그가 기업 무를 자의 책임을 네게 이행하려 하면 좋으니 그가 그 기업 무를 자의 책임을 행할 것이니라 만일 그가 기업 무를 자의 책임을 네게 이행하기를 기뻐하지 아니하면 여호와께서 살아 계심을 두고 맹세하노니 내가 기업 무를 자의 책임을 네게 이행하리라 아침까지 누워 있을지니라 하는지라

1. 세상 바라보기

▶ 하나님의 뜻에 어긋난 삶의 방향과 행위로 말미암아 각종 불의한 사회현상과 사회적 약자들이 생겨나는 구조적인 문제와

현실을 직시해야 한다.

　우리들이 살고 있는 이 세상은 하나님의 거룩하시고, 선하시고, 의로운 뜻이 중심이 되는 세상이 아니다. 도리어 악하고, 불의하고, 자기중심적인 탐욕에 사로잡혀서 이기적으로 살아가는 사람들의 모습이 중심이 되어 있다. 하나님의 나라는 하나님의 뜻이 이루어지는 곳이며, 이 세상은 아직은 완전한 하나님의 나라가 이루어지지 않았다. 그렇기 때문에 세상은 온갖 불의하고 악한 말, 행위, 현상들이 난무하고 있는 것이다. 그러나 세상의 정치나 국민들의 의지와 행위가 얼마나 하나님의 뜻에 가까우냐에 따라서 조금씩 세상은 살만하고 인간적이며 모든 구성원 국민들의 삶의 처지와 수준도 더 나아질 수 있는 것이다. 그러기에 하나님의 백성공동체인 주님의 몸된 교회와 몸의 지체가 되는 성도들은 어떠한 삶의 처지에서든지, 권력의 자리에서든지 소시민적인 보통사람들의 처지에서든지 간에 선한 영향력을 미쳐야 하고, 모범을 보여야 하고, 세상의 빛과 소금과 같은 삶을 살아야 하는 것이다.
　오늘날의 세상은 특별히 신자유주의 경제원칙이 지배하는 세상이 되었다. 즉 힘 있는 자는 잘 먹고 잘 살고, 힘이 약한 자는 못 먹고 못 사는 것이다. 정글의 법칙은 철저히 약육강식, 적자생존의 법칙이며 동물들의 세계의 공통된 특징인 것이다. 사람들이 갈수록 이기적인 생각에 개인주의와 이기주의적 자기만족과 탐욕에 사로잡혀서 만족이 없고 불의한 이익이나 부를 축적하며 쾌

락과 향락적 삶을 추구한다. 그래서 나누지 않고 배려하지 않고 살아 양극화의 현상이 심각하다. 남반구와 북반구의 부의 차이, 나라마다의 사회구조와 인프라의 차이로 인한 구조적인 불평등, 부와 힘을 가진 나라들이 제국주의적 지배와 영향력 그리고 금융과 경제적 지배구조 때문에 빈곤한 나라들과 가정과 개인은 회생이 어렵고 계속해서 불평등하고 불공정한 구조 속에서 신음하며 어렵게 살아가는 사람들이 많은 것이다. 여기서 사회복지와 사회봉사적 의미와 가치가 귀한 것으로 여겨지고 요청된다. 정치적 구조를 통해서나 교회와 모든 시민 운동적 차원에서의 나눔과 섬김의 배려문화를 통해서나 자립적으로 살지 못하고 있으며, 차별과 억압 속에서 신음하고 있는 강도만난 자와 같은 이 시대의 사회적 약자들에 대한 관심과 배려가 너무나 절실한 것이다. 우리들 주변에는 이렇듯이 신음하고 있는 있고, 거반 죽은 자와 같이 내버려 두면 그 소중한 생명이 살지 못하고, 죽을 수밖에 없는 사람들이 다양한 계층의 모습으로 살아가고 있다. 빈곤가정/조손가정의 유아, 어린이, 소년/소녀 가장, 고아와 과부, 장애인, 저출산 고령화 시대의 불우한 독거노인, 외국인 노동자, 이주민, 새터민, 불치병환자/호스피스환자, 에이즈환자, 비정규직 노동자, 북한동포 등등. 이들 모두가 다 귀한 생명의 풍성함을 누려야 할 존재들인데 현실적 어려운 구조 속에서 신음하고 있으며, 생명살림의 손길과 배려를 요청하고 있는 것이다.

한편 지구촌에는 갖가지 재난재해로 말미암아 고통을 당하는 이재민, 난민들이 있다. 지진/쓰나미, 태풍, 화산폭발, 가뭄과 기아, 홍수, 폭우와 폭설/돌풍, 전쟁/내전 등등. 오늘날 미얀마 로힝야족은 3,000여명이 학살을 당하였고, 100만 명 가까운 난민들이 방글라데시 난민촌에서 어렵사리 그들의 생명을 보존하면서 살아가고 있으며, 시리아난민들은 죽음과 배고픔의 위협 속에서 살아가며 여러 나라들을 떠돌고 있다. 이들을 돕는 것은 단순한 구호가 아니라 생명을 살리는 차원의 운동인 것이며, 선교적이며, 하나님의 나라를 위한 운동이 되는 것이다.

〈질문 1〉 이 세상에서의 빈곤과 각종 어려운 형편에서 자립적으로 살지 못하고 있는 사회적 약자들에 대한 책임은 누구에게 있는가? 사회구조적인 문제, 불평등, 차별, 낙인, 불공정한 문제가 우리 사회에는 없는가? 우리 시대의 사회적 재난은 어떠한 모습으로 나타나고 있는가?

2. 세상에서 성경으로

▶ 유대인들의 '기업 무를 자' 제도와 '이삭줍기'는 사회적 약자들을 위한 사회복지적/ 디아코니아적 차원의 제도였다.

룻기는 유대적 전통 속에서 쓰였다고 알려지고 있는 문서다. 사사시대가 끝나고 다윗왕조 시대로 들어간 초기역사에 매우 중요한 역사를 기록하고 있으면서도 문학적 예술적 가치가 높고, 교훈적 의미와 아름다운 사랑의 이야기가 서술되어 있는 책으로서 유명하다. 특히 룻기는 짧은 4장으로 구성되어 있는데 마치 연극의 막이 네 번 바뀌는 듯이 드라마틱한 요소를 갖추고 있으며, 결과는 해피엔딩으로 끝나는 여운이 큰 작품으로 가치가 있다.

룻기의 이야기는 흉년으로 인해 고향땅 베들레헴을 떠나 이방 땅 모압으로 떠나간 한 유대인 가정 이야기로 시작된다. 가장 엘리멜렉과 아내 나오미, 두 아들 말론과 기룐이 등장한다. 이야기의 전개는 고향을 떠나 이방 땅에서 살다가 남편과 두 아들이 죽고 과부가 된 나오미가 과부 며느리 룻과 함께 베들레헴으로 돌아오는 과정과 고향에 정착해서 살게 되는 과정을 그리고 있다. 그러나 이 이야기의 축인 베들레헴이라고 하는 고향땅은 하나님 중심의 삶을 상징하고 있으며, 하나님을 떠난 삶은 죄와 불의, 고난과 불행한 삶의 원인이 된다는 것을 상징하고 있다. '돌아온다'는 히브리어 단어 '슈브'(shub)는 신학적으로 '회개하다'라는 것을 뜻하는 가장 중요한 단어로 사용되고 있는 것이다. 즉 회개란 하나님의 뜻을 떠나서 다른 방향으로, 목표와 어긋난 삶을 살다가 다시 방향을 돌이켜서 하나님께로 돌아오는 것을 말하는 것이다. 가장 엘리멜렉(Elimelech)의 이름이 가지고 있는 뜻은 "나의 하나님은 왕이시다" 라는 의미이다. 룻기는 참된 하나님 되심과 통치를 중심에 두고 있는 책인 것이다. 만약 사람들이 무조건적으로 사랑과 선을 행한다면 하나님 통치의 진정한 표현이 될 수 있다는 것이다. 큰아들 말론(Machlon)은 '약한 자', '병든 자', '피곤한 자'의 뜻을 가지고 있으며, 차남 기룐(Kiljon)은 '부정', '감소', '끝' 등의 뜻을 가지고 있다. 그러나 나오미는 '큰 기쁨', '사랑스러움'의 뜻을 가지고 있으며 사실상 과부가 된 룻의 가장 사랑스럽고 사랑이 충만한 시어머니로서 증명되고 있다. 룻은 '여자친구', '이웃"', '친척' 등의 뜻을 가지고 있다.

고아와 과부는 구약시대로부터 신약시대 그리고 오늘날에도 마찬가지로 가장 어려운 형편에 있는 사회적 약자들의 대표적인 상징적 인물이라 할 수 있다. 여성들의 사회적 진출과 활동이 원천적으로 어려웠던 가부장적 시대에 자연이 자립적으로 살 수 없는 형편에 처하게 된 사람들인 것이다. 이방여인임에도 불구하고 자신의 고향 땅에 머물러 살면서 친인척들의 도움에 의지하여 살지 않고 아무런 희망도 없는 시어머니 나오미를 따라서 남편의 고향 땅을 따라와서 어렵사리 살게 되었다. 룻의 삶에는 어려운 가난한 사람들이 먹고 살 수 있도록 추수 때에 모든 곡식을 다 추수하지 않고 땅에 떨어진 것을 줍지 않거나 한 쪽 모퉁이를 아예 추수하지 않고 놓아두어 가난한 사람들이 먹을 수 있도록 배려해주는 아름다운 유대인들의 풍습이(레 19:9) 나타나고 있다.

또한 유대적 풍습인 "기업 무를 자"(kinsman-redeemer, das Löser) 제도는 곤경에 빠진 가까운 친척을 위하여 법적인 중요한 이해와 관심사에 대한 책임을 지는 남성적인 친척관계에 있는 사람을 의미하는데 특별히 생계와 생존의 어려움을 겪는 사람들에 대한 가장 기본적인 복지적 의미에서의 도움의 제도라 할 수 있다. 이는 그 가문을 보존하고 땅의 상실과 재산의 상실을 보존해 주는 보호제도였던 것이다. 이는 사회복지적 사회적 책임을 상징한다. 이러한 사회적 책임을 통해서 누군가 풍습과 전통에 의하기도 하지만 혼자만의 책임이 아니라 사회적 책임을 져야 하는 여러 친인척들 가운데서 특별히 배려와 관심과 도움의 의지를 강하게 가진 자들이 순번에 따라서 자기의지로 책임을 지는 것이어서 개인적인 용단과 따뜻한 배려와 관용의 마음을 필요로 하는 것이었다.

룻기는 사람들에 의하여 하나님의 은혜와 구원 속에서 하나님의 중재적인 상급이 계속 주어지는 연대적 사랑의 책이라 할 수 있다. 즉 이웃 사랑의 실천이 유대인들의 풍습과 사회적 제도 그리고 한 개인 보아스의 따뜻한 배려와 관심과 도움을 통해서 구체적으로 어려움에 있는 한 외국인 이주민 여성과 가정을 안전하고도 평안한 삶, 복된 삶의 근원이 되고, 예수 그리스도의 구원의 역사에 귀하게 쓰임을 받게 된 역사를 그리고 있는 것이다. 그리하여 이 룻기는 특별히 오늘날 외국인 이주민과 노동자들에 대해 외국인 학대와 미움과 차별을 반대하는 교훈과 사회적 약자들을 마을 중심에서 지도적 역할을 하는 사람들과 마을 주민들이 함께 더불어 연대하여 사람을 살리고 풍성케 하는 놀라운 마을목회의 한 실례를 보여주고 있는 것이다. 영적으로 이 룻기는 이스라엘 백성들이 역사 속에서 하나님을 배반하고 떠나 심판을 받아 멸망을 당하고 바벨론 포로생활을 하면서 희망이 깨어진 과부집단 이스라엘과 그들의 민족적 역사 앞에 희망을 던져주는 이야기이기도 한 것이다. 이는 역사의 주관자 되시는 하나님께서 결과적으로 우리 개인과 가정과 국가 민족의 역사를 주관하고 계심과 선한 사람들의 손길을 통해서 선하고 놀라운 역사를 섭리해 가신다는 신앙고백적인 의미를 담고 있기도 한 귀한 책인 것이다.

본문에서 룻은 시어머니 나오미의 신앙을 따라서 하나님을 섬기며 끝까지 충성하고 순종하는 아름다운 모습을 보여주고 있다. 룻은 결코 세속적인 타락된 모습으로 보아스를 유혹하는 것이 아니라 모든 것을 하나님께 맡기고 시어머니의 말씀대로 순종하는 모습을 보여주었고, 하나님께서는 그런 룻을 붙드시고 역사하신 것이었다. 그리고 하나님의 놀라운 은혜의 역사에 귀하게 쓰임을 받았던 보아스도 마찬가지로 지혜롭고 배려심 깊은 생각과 처신으로 룻의 처지를 안타까이 여기며 기꺼이 "기업 무를 자"의 책임을 감당하고 있는 모습을 볼 수 있는 것이다. 결코 무례하게 행동하지 않았고, 육체적 정욕에 사로잡히지 않았으며, 마을의 모든 사람들에게 존경을 받고 또한 사랑을 베풀어주는 섬김과 나눔의 배려심이 깊은 사람으로 보여 지고 있다. 끝까지 책임감 있는 지혜로운 생각과 결단과 행동을 일관되게 보여주고 있는 모습인 것이다. 어려운 자들에게는 일시적인 시혜도 중요하지만 좀 더 책임적이고 구조적인 해결과 방안이 필요한 법인데 그런 점에서 이 본문은 너무나도 완벽하고 대단한 역전드라마를 보여주고 있다고 할 수 있다.

〈질문 2〉 나의 선한 생각과 말과 행위가 하나님의 섭리로 인해 선한 열매를 맺는 결과로 나타난 경험을 나누어 보자.

3. 성경에서 실천으로

너도 가서 이와 같이 하라(눅 10:37).

누가복음 10장에 나오는 선한 사마리아 사람의 비유에서 예수님은 자신을 시험한 한 율법사에게 "네 생각에는 이 세 사람 중에 누가 강도 만난 자의 이웃이 되겠느냐?"라고 물으셨고, 그는 "자비를 베푼 자니이다"라고 대답하였다. 이에 마지막으로 "너도 가서 이와 같이 하라"고 하셨다. 이 말씀은 모든 그리스도인들은 예수 그리스도의 제자로서 마땅히 삶의 모든 현장에서 선한 사마리아사람이 되어서 일차적으로 나 자신의 도움을 필요로 하는 모든 자에게 가까이 다가가서 내가 할 수 있는 도움, 그에게 필요한 도움을 줌으로써 그의 생명을 살리고 풍성케 할 수 있도록 도와주어야 한다는 사명과 책임이 있음을 깨닫게 해주시는 말씀인 것이다.

또한 예수님은 제자들에게 마태복음 25장에서 '양과 염소의 비유'로 말씀하시면서 주린 자, 목마른 자, 나그네 된 자, 헐벗은 자, 병든 자, 옥에 갇힌 자와 같은 도움이 필요한 사회적 약자들에게 한 것이 곧 주님께 한 것으로 인정해 주시는 놀라운 교훈을 주셨다. 그러니까 바로 이러한 섬김의 실천은 예외가 없으며, 최후의 심판 날에 유일한 심판의 근거가 된다는 점에서 사랑으로 섬기는 실천적 사명은 종말론적인 신앙이 된다는 것이다.

구약시대의 욥은 가장 이상적이고 모범적인 디아코니아적 실천을 한 사람으로 볼 수 있다. 욥기 29장과 31장에서 자세히 소개되어 있는데, "부르짖는 빈민과 도와줄 자 없는 고아를 내가 건졌음이라. 망하게 된 자도 나를 위하여 복을 빌었으며 과부의 마음이 나로 말미암아 기뻐 노래하였느니라. 나는 맹인의 눈도 되고 다리 저는 사람의 발도 되고 빈궁한 자의 아버지도 되며 내가 모르는 사람의 송사를 돌보아 주었으며, 불의한 자의 턱뼈를 부수고 노획한 물건을 그 잇새에서 빼내었느니라. 내가 언제 가난한 자의 소원을 막았거나 과부의 눈으로 하여금 실망하게 하였던가. 나만 혼자 내 떡덩이를 먹고 고아에게 그 조각을 먹이지 아니하였던가. 실상은 내가 젊었을 때부터 고아 기르기를 그의 아비처럼 하였으며 내가 어렸을 때부터 과부를 인도하였노라. 만일 내가 사람이 의복이 없이 죽어가는 것이나 가난한 자가 덮을 것이 없는 것을 못 본 체 했다면, 만일 나의 양털로 그의 몸을 따뜻하게 입혀서 그의 허리가 나를 위하여 복을 빌게 하지 아니하였다면, 만일 나를 도와주는 자가 성문에 있음을 보고 내가 주먹을 들어 고아를 향해 휘둘렀다면, 내 팔이 어깨뼈에서 떨어지고 내 팔뼈가 그 자리에서 부스러지기를 바라노라"(욥 29:12-17, 31:16-22). 여기서 우리는 욥이 참으로 모든 어려운 사람들에게 적극적인 도움을 주고 함께 더불어 살아가고자 힘쓴 모습을 볼 수 있다. 마을공동체의 모든 구성원들에 대한 관심과 따뜻한 배려와 긍휼과 자비를 실천한 모습인 것이다. 이러한 모습과 행위는 곧 교회와 교회공동체의 모든 성도들이 함께 나누어 책임적으로 감당해야만 하는 과제요 사명과 책임이라 할 것이다. 함께 더불어 살아가는 마을사람들과의 공동체 속에서 어려운 곤경에 빠져 있어 스스로의 힘으로 극복하기 어렵고 도움이 절실한 사회적 약자들에게 어떠한 차별도 없이 인격적인 대우와 함께 할 수 있는 대로 힘써 도와주어야 한다.

이제 우리는 결코 국내외적으로 어려운 백성들을 차별하거나 도외시해서는 안 될 것이다. 국내외에서 빈번하게 발생하는 지진, 화산폭발 태풍과 같은 큰 재난재해로 말미암아 생명과 재산을 잃어버리는 경우들이 많이 있다. 전쟁이나 내전 그리고 다양한 원인에 의하여 박해하고 갈등이 생겨서 난민이(시리아 난민, 미얀마 로힝야족 난민 등) 발생하는 모습들이 있는데 이러한 지구촌의 어려운 소식들에 대하여 우리는 결코 외면할 수 없으며, 그들의 생명을 소중히 여기고 도와주어야 할 것이다. 교단적 차원에서나 초교파적으로나 개인적으로도 결코 어려움에 처해 있는 자들을 외면해서는 안 되며, 최선을 다해서 그들을 섬겨야 하는 것이다. "마음, 뜻, 정성, 힘, 목숨을 다하여 네 이웃을 네 몸과 같이 사랑하라"는 말씀은 곧 최선을 다해서 이웃 사랑을 실천하라는 뜻이다. 우리들의 이웃 사랑은 결국 영생을 얻는 길에 속하는 것이며, 예외가 없다는 점이다.

〈질문 3〉 나와 우리 교회 주변의 이웃들 중에서 시급히 우리의 도움이 필요한 사람들은 누구인가? 그들은 어떤 도움을 필요로 하며 우리는 어떠한 도움을 줄 수 있는지 나누어 보자.

◇ **공동기도문** ◇

은혜와 사랑과 자비와 긍휼이 풍성하신 참 좋으신 하나님 아버지, 우리들은 너무나도 큰 사랑을 받고도 감사치 못했고, 우리들 주변의 도움이 필요한 작은 자들에게 관심도 가지지 못하였고, 가까이 다가가지도 못했고, 그들이 얼마나 어려운 처지에서 살고 있는지 알지 못했음을 용서하여 주시기를 원합니다. 나 자신만을 사랑하는 이기적인 자기사랑에 매몰되어 있었고, 더 많은 것을 소유하려는 욕심에 사로잡혀 살아왔음도 고백합니다. 한편 우리 자신이 부족한 점에 대하여 부끄러워하며 나 자신을 사랑하지 못하고 자존감을 상실했고 하나님의 사랑받는 귀한 존재임을 깨닫지 못한 점도 있었습니다. 이제 우리 스스로 나 자신도 부족함에도 불구하고 귀한 사랑을 받는 사람인 것처럼 내 이웃도 하나님의 사랑을 받아야 하고 귀한 존재임을 깨달아 그들을 사랑하고 섬기며 선한 이웃이 되어주는 믿음과 삶이 될 수 있도록 은혜 내려 주시기를 섬김의 본이 되신 우리 구주 예수 그리스도의 이름으로 간절히 기도합니다. 아멘.

6장
진정한 하나님의 사랑

> **베드로전서 4장 7-11절**
>
> 7만물의 마지막이 가까이 왔으니 그러므로 너희는 정신을 차리고 근신하여 기도하라 8무엇보다도 뜨겁게 서로 사랑할지니 사랑은 허다한 죄를 덮느니라 9서로 대접하기를 원망 없이 하고 10각각 은사를 받은 대로 하나님의 여러 가지 은혜를 맡은 선한 청지기 같이 서로 봉사하라 11만일 누가 말하려면 하나님의 말씀을 하는 것 같이 하고 누가 봉사하려면 하나님이 공급하시는 힘으로 하는 것 같이 하라 이는 범사에 예수 그리스도로 말미암아 하나님이 영광을 받으시게 하려 함이니 그에게 영광과 권능이 세세에 무궁하도록 있느니라 아멘.

오늘 본문은 베드로 사도의 고난 받는 교회를 향한 가르침이다. 기독교는 당시 로마의 압제를 받고 있었다. 하루를 사는 것조차 힘든 삶을 살고 있는 것이 그리스도인의 삶이었다. 그러나 베드로 사도는 시대의 고난과 아픔을 말하기보다 이런 상황 속에서 신자는 무엇을 해야 할 것인가에 대해 가르치고 있다. 베드로 사도는 마지막 때, 예수님이 재림하시는 그 때를 맞추어 살라는 것이다. 종말론적인 신앙 자세로 세상을 살고 교회공동체를 세워갈 것을 가르치고 있는 것이다. 오늘 한국의 기독교는 안팎으로 많은 어려움을 겪고 있다. 교인수의 감소는 물론 교회의 사회적 신뢰도와 영향력이 전만 못하다. 교회의 위기이자 그리스도인의 위기이기도 하다. 이런 상황 속에서 교회는 어떻게 살아야 하는가?

1. 세상 바라보기

오늘 우리가 살고 있는 세상, 특히 한국 사회는 물질적으로 풍요로운 세대며 과거보다 편한 것은 사실이지만, 진정 행복하며 삶의 질이 좋아졌다고 할 수는 없다. 오늘 우리 사회는 빈부 차별과 학력 차별로 몸살을 앓고 있으며 지역 간의 갈등도 심각해지고 있다. 더 나아가 성 차별과 인종 차별 등으로 어려움을 겪는 것도 우리의 현실이다. 외국도 예외는 아니다. 중동과 아프리카에서의 종족과 종교 간의 갈등은 수많은 난민들을 낳았으며, 유럽의 나라들은 물론 우리나라를 포함한 아시아의 국가들 난민 문제로 고민하고 있다. 요즈음 영종도의 난민수용소에도 많은 난민들이 몰려오는 실정인 것이다. 또한 조선족, 고려인 등으로 불리는 해외동포들과 탈북이주민들 및 해외 이주민들의 수는 계속 늘고 있는 등, 우리나라 속의 외국인 수가 350만 명이 넘어가고 있는 상황이다.

오늘 우리 주변의 이웃들도 깊은 시름 가운데 놓여있다. 혼자 사시는 분들이 늘어가고 있다. '혼족'의 문제도 심각하다. 혼자 살다가 돌아가시는 고독사가 사회문제가 되고 있다. 유명 가수가 혼자 살다가 죽임을 당했는데도 즉시 발견이 되지 않았으며, 어느 모녀는 죽은 후 상당한 시간이 지나서야 아파트 경비원에 의해 발견되기도 했다. 혼자 사시는 독거노인들은 생계에 많은 어려움이 있으며, 그들의 죽음을 보살펴줄 이들도 찾기 힘든 실정이다. 우리 대한민국 정부는 이런 사회적인 약자문제를 해결하기 위해 사회복지 정책을 세우고 실천하고 있으나 역부족인 것 같다.

청년 실업은 결혼 포기와 저 출산으로 이어지고 있으며, 그들 중 일부는 자살을 선택을 하는 등 커다란 사회 문제가 되고 있다. 정부는 실업 대책을 위해 최저임금제를 정함과 동시, 중소기업을 지원하는 대책을 세운 바도 있다. 출산 장려를 위한 포상금 제도, 신혼부부들을 위한 주택 지원과 어린이집과 유치원을 통한 무상교육, 중고생 무상교육, 무상 교복 등의 사회복지 정책을 실천하는 지자체들도 있다. 각 구마다 복지재단을 만들어 어떻게 하면 삶의 질이 높은 세상을 만들 수 있는가 고심하는 중이다.

이러한 정황에서 우리 한국교회도 노력을 하고 있지만, 교회 밖에 있는 사람들은 교회를 사랑이 넘치는 공동체로 보지 않는 것 같다. 기독교윤리실천본부에서 실시한 2017년 교회의 사회적 신뢰도 조사를 살펴보면, 대한민국 사회는 한국교회에 대한 신뢰도는 매우 낮은 것으로 조사되었다. 긍정이 20.2%인 것에 비해, 부정적 응답은 51.2%에 달했던 것이다. 국민 과반이 개신교를 불신한다고 응답했다. 한국교회의 사회봉사가 다른 종교에 비해 양적으로 월등히 많음에도 불구하고, 개신교에 대해 신뢰하지 않는다는 것은 한국교회의 봉사에 문제점이 있음을 지적한다.

단순히 물질적인 필요를 채우는 교회의 헌신으론 충분하지 않다. 오늘날 한국 사회는 교회를 향해 마음으로부터 나오는 진정된 사랑을 요구하고 있는 것이다. 한국 사회는 한국교회에 기대하는 바가 적지 않다. 한국교회가 도덕적이며 정신적인 방향을 제시해줄 것을 우리 사회는 기대하고 있다. 교회가 단순히 물질을 나누는 정도로 이웃 사랑을 충분히 실천하였다고 볼 수 없다. 마음의 진실을 나눌 수 있는 공동체, 예수 정신을 통해 차별 없는 사회를 만들기 위해 노력하는 교회가 되는 것이 필요하다.

정신을 차리고 근신하여 기도하는 것과 무엇보다 뜨겁게 사랑하는 것을 통해 이 사회 내의 불의가 점점 제거될 것이라 생각한다. 정신을 차리고 하는 근신 기도란 오늘 이 시대가 갖고 있는 아픔들을 껴안는 기도이다. 이런 근신의 기도는 세상을 사랑하시는 하나님의 비전과 섭리를 바라보며 하는 기도인 것이다.

우리 신자들은 우리가 속해 있는 이 세상을 위해 기도해야 할 것이다. 나 자신이나 가족 내에 머물러 있거나 교회만을 위한 기도가 아닌, 세상을 향한 주님의 사랑을 바라보며 기도하는 것이 필요하다. 신자들이 주님의 진정된 사랑을 이 세상에 드러낼 때, 이 세상은 교회를 더욱 신뢰하게 될 것이라 생각한다. 주님의 구원을 바라면서 소돔과 고모라 위해 기도한 아브라함처럼, 우리 이웃을 위해 기도할 때 우리 교회는 진정 사랑의 공동체가 될 수 있을 것이다. 봉사의 양이 아니라 사랑의 진정성이 중요하다는 것이다. 이웃을 내 몸과 같이 뜨겁게 사랑하는 것을 통하여 우리는 진정된 하나님의 공동체를 이 땅 위에 건설할 수 있을 것이다.

▶ 다음의 성경 구절을 읽고 질문에 답해 보자.

"만물의 마지막이 가까이 왔으니 그러므로 너희는 정신을 차리고 근신하여 기도하라 무엇보다도 뜨겁게 서로 사랑할지니 사랑은 허다한 죄를 덮느니라"(벧전 4:7-8).

〈질문 1〉 오늘 우리 사회는 과거보다 물질적인 풍요를 누리고 있다. 하지만 진정으로 행복한 사회라 할 수 있는가?

〈질문 2〉 예수를 믿지 않는 사람들의 눈에 비친 교회에 대해 말해 보자. 오늘 우리 교회는 하나님의 진정한 사랑을 세상에 드러내고 있다고 할 수 있는가?

〈질문 3〉 오늘 본문 7절은 만물의 종말이 가까웠다고 했다. 바람직한 종말적 신앙 생활의 방법을 설명해 보자.

2. 세상에서 성경으로: 받은 은사대로 하라(벧전 9-10)

예수님께서는 "무엇이든지 남에게 대접을 받고자 하는 대로 너희도 남을 대접하라"라고 명령하신다. 예수님은 서로 대접을 받고자 하는 대로 대접하는 것이 율법이요 선지자의 강령이라 하셨다. 교회공동체와 신앙인이라면 마땅히 지켜야할 행동인 것이다.

교회가 타락하면 세상의 가치관에 따르게 된다. 하지만 예수 정신에 바탕으로 한 그리스도인과 교회공동체는 주님의 가치관 안에서 하나 되어야 한다. 우리만의 교회라는 생각에 사로잡혀 교회 문을 닫아 놓는 것은 예수 그리스도의 정신에는 부합되지 않는 것이다. 세상 사람들에게 우리를 통해 예수님의 모습을 드러내는 신자가 되어야 할 것이다.

먼저 "은사를 받은 대로 봉사하라"라는 구절은 하나님이 주신 것을 가지고 라는 의미를 갖는다. '각각'이라는 단어는 모든 사람이 다 하나님으로부터 받은 것이 있음을 나타낸다. 그러므로 우리 봉사의 가능성은 각각 하나님으로부터 받은 것에서 비롯된다. 단순히 돈이 없고 능력이 없다고 못하겠다고 물러서서는 안 될 것이다. 신자는 누구에게나 주님께서 우리에게 주신 은사를 통하여 봉사에 동참할 책임이 주어져 있는 것이다. 주님의 것을 맡아 베푸는 선한 청지기같이, 우리는 하나님이 맡겨 주신 것을 가지고 봉사하여야 한다는 것이다.

물질로 하는 봉사가 제일 쉽다. 그런 일을 세상 사람들도 할 수 있다. 우리의 봉사는 마음으로 영적인 것으로 이행되어져야 한다. 우리가 받은 하나님의 사랑을 통하여 여타의 피조물들을 사랑할 때 그러한 사랑은 진정한 사랑이 된다. 나를 새로운 피조물이 되게 하신 하나님의 사랑을 가지고 우리도 세상을 변화시키기 위해 헌신하여야 할 것이다. 그리스도인 된 나는 하나님의 자녀이며 천국 백성이고 하나님이 함께하는 영적인 존재로서, 하나님 나라의 비전을 가지고 주변의 사람들을 섬기는 것이다. 그러한 봉사는 하나님의 능력으로 감당하는 봉사로서, 우리가 힘이 부족하다면 주의 성령이 도울 것이다.

▶ 다음의 성경 구절을 읽고 질문에 답해 보자.
"서로 대접하기를 원망 없이 하고 각각 은사를 받은 대로 하나님의 여러 가지 은혜를 맡은 선한 청지기 같이 서로 봉사하라"(벧전 4:9-10).

〈질문 4〉 9절의 "서로 대접하기를"이라는 말씀이 하나님의 진정된 사랑을 나타내는 것과 어떤 상관이 있는가?

〈질문 5〉 10절의 "각각 은사를 받은 대로 선한 청지기 같이 서로 봉사하라"라는 말씀이 갖는 의미는 무엇인가? 우리의 봉사는 자신의 힘만으로 하는 것인가, 아니면 하나님의 힘으로 하는 것인가?

3. 성경에서 실천으로: 모든 일에 하나님이 영광을 받으시도록 살라(벧전 11)

말하는 것은 하나님이 말씀을 하는 것 같이 하고, 봉사하는 것은 하나님이 공급하시는 힘으로 하는 것 같이 하라고 했다. 이것은 그리스도인들이 하나님의 성령을 모시고 살기 때문에 가능한 것이다. 우리가 예수를 믿을 때 죄 사함과 함께 성령을 선물로 받아 영적인 존재가 된다.

영적인 존재인 우리는 마땅히 성령 하나님을 의식하고 의지하여 살아야 한다. 바울 사도처럼 내게 능력 주시는 자 안에서 모든 것을 할 수 있다고 믿어야 할 것이다. 베드로 사도는 봉사에 있어서도 돈이나 권력으로 하지 말고 하나님의 말씀과 하나님이 주시는 힘으로 하라고 하였다. '만일'은 '…할지라도'의 의미를 갖는다. 서로에게 대접하며 서로를 위해 봉사를 한다는 것은 마음과는 달리 결코 쉽지 않은 일이다. 그러한 봉사는 하나님을 의지해야 할 수 있는 것이다.

사람이 임종하게 될 때 마지막으로 뉘우치게 되는 것이 세 가지다. 첫째는 '왜 나는 그때 더 참지 못했을까? 그때 조금만 참았더라면 이런 후회가 없을 터인데…'라는 후회다. 둘째는 '왜 나는 인생을 좀 더 즐겁게 살지 못했는가'라는 후회다. 오늘이라고 하는 이 시간들을 다 놓치고 이렇게 죽어가야만 하는가라는 후회이다. 셋째는 '왜 나는 더 베풀지 못하고 살았나? 죽으면 아무 것도 가지고 가질 못 하는데, 우리는 너무 웅크리며 산 것이 아닌가 하는 후회인 것이다.

실제 우리가 무엇을 하는 것 같아도, 하나님의 은혜가 아니고는 할 수 있는 일이 아무 것도 없다. 이에 하나님의 말씀만이 나를 변화 시킬 수 있으며, 하나님의 주시는 힘으로만 의미 있는 일을 할 수 있다는 겸손한 자세를 가지고 봉사하는 것이 필요하다. 영광은 오직 하나님만의 것이다. "영광과 권능이 하나님에게"라는 말처럼 우리의 하는 모든 일에서 하나님이 함께 하심을 증거 될 때, 하나님께서 영광을 받으시게 된다. 그래서 말하는 것도 하나님의 말씀으로 하며, 봉사하는 것도 하나님이 주시는 힘으로 하라고 하신 것이다.

우리의 모든 일은 다 하나님께서 하시는 일이고 우리는 그의 청지기일 뿐이다. 요셉은 형들에게 "하나님이 우리 가족을 구원하시기 위해 나를 먼저 애굽 땅에 보내셨다"고 말하면서, 모든 것이 하나님의 은혜와 섭리 안에 있음을 증거하였다. 이와 같이 우리는 하나님께서 다스리시는 하나님 나라에 살고 있다는 것을 간증하며 살아야 한다.

두 가지의 봉사가 있다. 교회 안에서 성도들 간의 봉사와 교회 밖에서 지역사회를 향한 봉사활동이다. 교회 안에서 성도를 섬기는 봉사는 예수님이 가르치시는 대로 서로를 위한 봉사다. 초대교회처럼 각 사람의 필요를 따라 나누고 일이다. 바자회로 어려운 교인들을 도울 수 있고, 식당 봉사, 교회 청소하기, 찬양대, 교회

학교 교사, 주차관리 등의 많은 교회 내적 일들이 있다. 지역사회 봉사로는 어려운 분들을 위해 쌀 나누기, 연탄나누기, 지역사회 청소 등의 일들을 하기도 한다. 신자들이 교회 외적 봉사를 함에 있어 마을들이 기대하는 바가 있다. 교회가 적극 지역사회의 일에 동참하는 것이다. 우리의 마을들은 마을이 기획한 여러 봉사의 날에 교인들도 주민으로 동참하길 바라는 것이다. 이렇듯 교회가 지역사회를 위해 장소를 제공하고 사역을 함께 하게 될 때, 교회는 비로소 지역 공동체의 일원이 된다고 볼 수 있다.

▶ 다음의 성경 구절을 읽고 질문에 답해 보자.
 "만일 누가 말하려면 하나님의 말씀을 하는 것 같이 하고 누가 봉사하려면 하나님이 공급하시는 힘으로 하는 것 같이 하라 이는 범사에 예수 그리스도로 말미암아 하나님이 영광을 받으시게 하려 함이니 그에게 영광과 권능이 세세에 무궁하도록 있느니라. 아멘"(벧전 4:11).

〈질문 6〉 11절은 우리가 세상에서 어떻게 살아야 할 것을 가르치고 있다. 말은 어떻게 하고 봉사는 어떤 힘을 빌려서 하여야 하는가? 그 이유는 무엇인가?

〈질문 7〉 11절 서두에 '만일' 또는 '그러나'라는 말로 "말을 하려거든…" 등의 표현을 쓴 이유는 무엇인가?

〈질문 8〉 11절 마지막은 "하나님이 영광을 받으시게 함과 하나님에게 영광과 권능이 세세에 무궁하도록 있다"라고 언급하였는데, 그렇게 말한 이유는 무엇인가?

〈질문 9〉 지금 우리 교회가 하고 있는 봉사에는 어떤 것이 있는지 말해 보자. 그리고 자신은 교회가 하는 봉사에 어떻게 참여하고 있는지 나누어 보자.

◇ **공동기도문** ◇

하나님 우리 모두 진정된 주님의 사랑을 실천하는 신자들이 되게 하여주시옵소서. 주님의 사랑으로 마을을 품으며 세상을 살리는 교회가 되기를 바랍니다. 우리는 모두 주님 앞에서 연약한 존재들로서, 우리의 힘만으론 이웃을 바로 섬길 수 없습니다. 주님의 뜻에 따라 주님의 능력으로 봉사의 일들을 감당하는 우리 모두가 되게 하여주시옵소서. 그리고 무엇보다 이 모든 일을 통해 주님만이 영광을 받게 되기를 원합니다. 이 모든 말씀 예수님의 이름으로 기도드립니다. 아멘.